芦屋スタイル

講談社

芦屋の街を一望する、六甲山の中腹にあるゲストハウスでティータイム。春には庭に200種類以上の花が咲く

ビゴの店／日本に本場のフランスパンを広めたフィリップ・ビゴ氏のパン屋の本店
☎0797-22-5137

芦屋の街並み

芦屋川／六甲山麓から芦屋市の中央を南に流れる。川沿いには桜が植えられ、住民の憩いの場にもなっている

ブランド ド ジュリエ／パリを中心に欧州の家具や食器を扱うインテリアショップ。ゲストハウスのシャンデリアもここで購入
☎0797-35-2720

アイロニー／高級ブランドなどの店内装花も手がけるフラワーショップ。贈り物やパーティーで重宝
☎0797-38-8741

ワインハウスセンチュリー／2500以上の銘柄が揃うワイン専門店。オーナーは中学・高校の同級生
☎0797-34-0045

お正月の様子。右が床の間で左上は江崎家の紋が入った屠蘇器。左下は家族みんなが大好きな「鮑のお雑煮」

江崎家の一年

バレンタインのチョコレートケーキ。バラの花と葉はシュガーでできている

1986年の雛祭りの家族写真。実家の両親から贈られた七段飾りのお雛様とともに

夏はカナダ・バンクーバーの別荘へ。釣った魚はバーベキューに

2010年の秋に開いた結婚40周年の「ルビー婚式」を祝うパーティー。下は娘と嫁がデザイン、製作したお祝いのシュガーデコレーションケーキ

クリスマスには、シュガーケーキの店と教室「江崎サロン・プレステージ」の前にあるコニファーの木を装飾

ゲストハウスでおもてなし。白い食器は南仏シノン地方の磁器

料理教室では日本料理を基本に洋風、エスニック風を取り入れたアレンジ料理を教えている

おもてなしのマナー

中央がワインアドバイザー、その左がフランス料理アカデミー日本支部会員のバッジ。宝石で誂えたオリジナルのソムリエバッジも

右は和のテイストを取り入れたフランス料理のテーブルセッティング。左はフランスからのお客さまをご招待したときのもの

お気に入りのフランスのブランド「ソワジック」のティーポットとカップで一息

はじめに

芦屋の駅ビルの中に「大丸芦屋店」ができたのは、一九八〇年の秋のことでした。その頃の私はまだ若い専業主婦で、時間ができるとお買い物をしに大阪の百貨店に出かけていました。あるとき、ビーズやキラキラした飾りがたくさんついたソールの低い靴が欲しくて、大阪の梅田や心斎橋などのお店を探しまわったのですが、見つかりません。くたびれはて、がっかりして電車で芦屋まで帰ってきて、何気なく大丸芦屋店の靴売り場に寄りますと、なんと、私が探していたようなおしゃれな靴があるではありませんか。それもどれを選ぼうかと迷うほどに！

その後も、芦屋にはセンスのよいインテリアショップやお花屋さん、美味しくて素敵なレストランなど、次々とお店が誕生しました。この街から全国に広まったところもあります。そうしたお店が増えるにつれ、欲しいもの、必要なものはまず芦屋で探し、なければ神戸や大阪、あるいは東京に行くというのが、私の習慣となったのです。

芦屋がいまのような街になったのは、大正時代に別荘地として開拓されたのが始まりだと聞いています。高級住宅地として知られていますが、北に六甲山、南には海が広がる自然の豊かな、穏やかなところです。この芦屋で私は育ちました。

娘時代は、ありがたいことにとても恵まれていたと思います。父が会社を経営していたこともあって、経済的には、どちらかといえば余裕のある生活をさせてもらいましたし、希望する大学にも入学できました。お見合いをして運よく主人と出会い、大学三年生のときに結婚。三人の子どもを授かり、母や義母、周りの年配の方々にしきたりや礼儀作法など、生活に必要なさまざまなことを学びながら、江崎グリコ株式会社の社長夫人として幸せで楽しい毎日を過ごしていました。

順風満帆な暮らしで自信に満ちていた心にかげりが見え始めたのは、そんな私でも成長していた証《あかし》でしょうか。年齢を重ねていくうちに、いつまでも若くてかわいいだけの何もできない女性ではいられないということに気が付いたのです。外見だけではありません。いずれは体力、気力、記憶力、視力などの身体能力も低下していきます。そうなったときに、自分自身に誇れるものを築いていなければ、人間としてこの世に生命を授かった価値がないと思ったのです。

これからは周りにも自分にも甘えないでしっかりと人生勉強をし、教養を深めて社会的にも役に立つ人間を目指そう。そう決心して、自分に何ができるか、何をしたいかを熟慮して得た結論は、料理研究家になることでした。

調理師の専門学校に一年間通って調理師免許をいただき、その後も専攻科に二年間通いました。そして一九九一年に、まず自宅で「フランス料理」の教室を始め、二〇〇三年には芦屋の岩園町に教室を移設して「アレンジ料理」と「シュガーデコレーションケーキ」の教室を開いたのです。

こうして料理研究家としてスタートしてから、早や二十二年。家事や育児との両立は大変でしたが、家族の理解と協力があったから続けることができたのでしょう。いまでは世の方々にも認められ、エッセイを一冊、料理のレシピ本を二冊出版し、ときどき雑誌に載せていただいたり、テレビに出演させてもらったりもしています。

ふと立ち止まってみて思うのは、還暦をお祝いしてもらった年齢にもかかわらず、まだまだ美しい花を咲かせられる自信と誇りが、自分の中に築かれていること。二十二年間の人生勉強が、いまの私の人格を作ってくれたと言っても過言ではありません。

そのようなことを感じているときに、この本を執筆するお話をいただきました。

私は礼儀作法の専門家ではありません。ですが、芦屋という街には、日本の純然たるしきたりが根付いていると感じます。自然と融合した街並みの美しさ、住んでいる方々の優しさ、温かさ、心の豊かさがそれを象徴しているのです。

いつしか、私が伝える立場の年代に達していたことに感慨を覚えながら、この街で祖母や母、義母、人生の先輩方から学んだこと、また仕事を持つにいたった日々の中で得た教訓を、一つひとつ思い起こしてみました。教えることの難しさに緊張感はありますが、妻として、母として、また仕事を持つ一人の女性として、身に付けてきた礼儀作法を書き記すことで、若い女性たちの役に立つのであれば、こんなに嬉しいことはありません。そう思い、引き受けることにしました。

この本では、買い物はこのお店で、食事をするならこのレストラン、また、料理はこんな風に作っています、これが私流のパーティーの開き方ですなどと、私が愛し、暮らしている芦屋での、さまざまな日常生活のシーンを具体的に紹介しながら、自分なりの生き方、考え方を述べました。そして、そこには「このような場合は、私はこうしてきました。貴女《あなた》もそうなさったらよいのではないかしら？」という思いを込めていますので、その通りになさってくださったらとても嬉しくありがたいことです。

ただ、人はそれぞれ環境、条件、立場、趣味、そして考え方が違います。ふだんから色々な分野の学習をして教養を身に付け、センスを磨いて、それらを礎《いしずえ》にこの本を読んでいただいて、自分のするべき事、進むべき道を考えたり、見つめ直したりしてくだされば幸いです。そのようにして良識をわきまえた魅力的な女性になって、有意義で実り豊かな人生を歩んでいってほしいと思います。

芦屋スタイル

CONTENTS

3 おつきあい

4 おもてなし

写真　久間昌史
装幀　吉村朋子

1

江崎家のならわし

お正月の味は「鮑のお雑煮」です。

*

節分の豆を撒く役はお父さまと決まっています。

*

女の子は海外に留学させません。

*

七五三で着物を作るのは7歳のときだけ。

お正月～お飾り～

江崎家に嫁いでから、すでに四十三回のお正月を迎えました。そのうち前半は、家で年を越しましたが、親戚やお年賀にいらっしゃるお客さまをおもてなしするのに、とても忙しく大変でした。とくに新婚の頃は無我夢中でした。

やがて、自宅で料理教室を開くようになると、「毎日の食事、子どもたちのお弁当、そのうえ料理教室と大変だから、せめてお正月は料理を作らなくていいよ」と主人が言ってくれたので、十年以上にわたり家族揃って海外で過ごすことが恒例になっていました。子どもたちが独立したいまは、お正月に実家が留守で帰れないのはかわいそうだと思い、二〇〇六年から再び家でお正月を迎えるようにしています。

我が家のお正月には、江崎家のしきたりを守りながら、私が生まれ育った実家で父母が行っていたことを取り入れ、自分なりに作りあげてきた、いわゆる「美恵子流しきたり」があります。けれど、お正月が近くなるたびに「去年はどうしていたかしら?」「今日は何の準備をしようかしら?」などと思い出しながら準備をしていて、とても効率が悪いことに気付きました。そこで、一連の準備を記録として残すようにしたのです。お料理のほか、玄関や床の間の飾り方などの写真を時系列にファイルし、メモを添えているのですが、お料理を作っていて忙しいときなど、つい写真を撮るのを忘れてしまうので、撮影は主人にお願いしています。食卓に座っている方に頼むと、お料理がきたとたんに食べることに夢中になり、食べ終わってから気付く、などということも多いので、キッチンに一緒に入って撮ってくれる主人が適任なのです。お料理は一品ごとに撮影。そうして作成したファイルは、二〇〇八年から始めて六年分たまっています。江崎家を継ぐ息子と嫁に残すことも念頭に置いています。

お正月は、新しい年の歳神様をお祀りする行事です。その歳神様が宿る依り代《よりしろ》が「門松」で、「鏡餅」は歳神様へのお供え物。歳神様をお迎えするために「門松」を飾り、おもてなしをするために「神棚」を新しくして「鏡餅」を供えます。

お飾りは、二十九日は「苦」につながり、三十一日は「一夜飾り」と言われて一日だけでは歳神様に対する誠意が足りないとされることから、これらの日に飾るのは避けるべきだと言われています。ですから我が家では、二十七日か二十八日に食器類や屠蘇《とそ》器を食器庫から出し、二十九日は食材の仕入れと料理の下ごしらえをして、三十日にお飾りを整えます。

まず、家の門口に飾る門松。二十年来、我が家の庭の手入れをお願いしている植木屋さんが飾ってくれます。十二月の半ば過ぎから飾ってもよいのですが、クリスマス前から飾るのも……と思い、二十八日か三十日にお願いしています。

注連縄《しめなわ》は、毎年「大丸芦屋店」に買いに行き、大・小と二つ購入してそれぞれ玄関と勝手口に飾ります。主人が紐を通して門に掲げ、私が少し離れて立って、「もう少し右側、傾いているので左側を上げて……」などと言いながら、共同作業でバランスよく結び付けます。芦屋でも門松を飾る家庭は年々少なくなってきていますが、注連縄は九割の家庭が飾っています。ちなみに、年末の買い出しは午前中にすませるのがベスト。以前、午後に大丸に行ったら、どこもかしこも長蛇の列で、注文した品を受け取るだけで二時間近くかかり、クタクタになってしまいました。

玄関まわりが終わったら、次は家の中に入って部屋の飾り付けです。ふだんはあまり使わない和室の床の間の飾りが中心になりますが（口絵写真）、これも主人と二人で行います。

掛け軸はおめでたくて華やかな図柄か、末広、寿、錦、松・竹・梅、福、鶴など縁起がよい字が入っている書を、江崎の母から受け継いだお軸の中から選びます。二〇一二年は、馬が勢いよく飛び跳ねる、躍動感にあふれたお軸でした。馬は主人の祖父で、江崎グリコ株式会社創業者の江崎利一の干支ですので、馬の図柄は年に関係なく好んで飾ります。

そして床の間の中央に、鏡餅を飾ります。我が家では、三方《さんぽう》に半紙を敷き、その上に裏白《うらじろ》（シダの葉）を敷いてお供えのお餅を二つ重ねて置きます。昆布を前に垂らし、お餅の上には平べったい干し柿を刺した串を載せます。干し柿は、端から二つ、六つ、二つと少し間をあけて刺します。

子どもの頃、母が大掃除とお節料理作りに精を出している間、父は一人で一手にお正月飾りを引き受けていました。傍らで邪魔にならないよう注意しながら、その作業を見つめている私に、父は干し柿のいわれについて、こう話してくれました。

「両端に二つと、真ん中に六つあるのは、『にこにこと仲睦まじく』という意味なんだよ」

江崎家に嫁いでから、私は主人と一緒に大きな声で「にこにこと仲睦まじく」と唱えながら、干し柿を飾っています。

最後、一番上に葉付きの橙《だいだい》を載せて鏡餅は完成。でもこれは、地域によって違いがあるようです。というのも、お正月に知人のお宅に伺ったときに、お餅の上に金銀の水引きが結ばれた赤い大きな伊勢海老が載せてあり、一番上には扇が全開で飾られていたのです。そのお宅の奥さまは東京出身でした。関西風の落ち着いたお飾りとはだいぶ異なる賑やかなものでしたので、大変驚いたのを憶えています。「神棚」は、関西では三つの扉を一つの屋根で覆った「神明《しんめい》造り三社」が多いようですが、我が家には正式な神棚はありません。

神様、仏様には叱られるかもしれませんが、仏間の仏壇のほかに、ファミリールームの飾り棚の中に棚を作って神様のお守りのお札を置き、その隣に主人の祖父と父母の写真を飾っています。毎朝お水を替えることも、ご飯や到来ものの果物やお菓子をお供えすることもすぐにできますし、何より家族が集まる場所ですから、いつも私たちを見守ってくれていると思ってのことです。毎日朝と夕方に、「神様、仏様、ご先祖様、どうぞよろしくお願いします」と、手を合わせてお祈りし、お正月に天より降りてこられる歳神様も、この棚でお迎えしています。狭いところですが、いまのところ満足してくださっているようです。

実は私の母の実家は神社です。三重県伊勢市の美しい山の奥にある、煌《きら》びやかではありませんが、落ち着いた由緒正しい神社で、子どもの頃はよく遊びに行きました。いまは従兄弟が宮司をしています。祖母は「神様は、私たちを見守ってくれている」といつも言っていましたので、神様は身近な存在だという感覚があり、あらためて祭壇を作ってお祀りしようと思わないのかもしれません。

我が家ではほかにも、お正月に飾るものが二つあります。一つは一枚の羽子板です。日本には、嫁いだ娘が子どもを産んで初めてのお正月に、子どもが女の子なら羽子板、男の子なら破魔弓《はまゆみ》を実家から贈るならわしがあります。私も長女に子どもが生まれたときは、長女が住む名古屋の「髙島屋」に一緒に出向いて贈りました。次女のときは「阪急百貨店」の外商に十点ほど持ってきてもらって、娘が選びました。二人とも女の子でしたので、お顔がかわいい羽子板にしたようです。江崎家では男の子にも羽子板を贈るため、我が家にあるのは主人の姉と主人が生まれたときに、主人の母親の実家から贈られた女の子用と男の子用の羽子板です。もう七十年以上前のものですが、毎年飾り、保管するときは大事に布にくるんで箱に入れています。それがあるので、子どもたちが生まれたときは私の実家から贈ってもらうのを辞退しました。

もう一つは陶器の翁人形です。これは主人の祖父がいつも床の間に飾っていたもの。「翁」自体が長寿を意味する縁起ものであるうえ、お顔が九十七歳まで生きた祖父に心なしか似ているような気がするので、好んで飾っています。その横には、お正月に咲く「啓翁桜《けいおうざくら》」という桜を置いて華やかさを添えることもあります。

お正月〜お料理〜

お飾りが整ったら、家族全員がとても楽しみにしてくれているお正月のお料理に取り掛かります。一月一日の元日に用意する「お節料理」は、「歳神様」にお供えするもの。私たちはそのお下がりをいただきながら、無病息災と家内安全を祈ります。

できるだけ、自分で作ったものをお供えするほうが歳神様もお喜びになると思い、以前は精一杯がんばって作っていました。ですが、最近は自分の体力とも相談して、料亭やレストラン、ホテルの美しく美味しいお節料理をありがたく利用しています。和風なら京都の「つる家」か「祇園さゝ木」、金沢の「浅田屋」、洋風でしたら京都の「祇園おくむら」などから選ぶことが多いですね。初めの頃は三十一日にお店が入っている大阪・梅田の「阪急百貨店」や料亭に直接取りに行っていたのですが、年末の買い出しに巻き込まれて大変な思いをしましたので、いまは外商に届けてもらっています。

体が元気なときは、「お節料理」という一大仕事をほかに任せてしまうことは、主婦としてプライドが許さないもの。でも、思い切って自分の負担を少し減らすことによって、周りの人もほっとしますし、心も時間も余裕ができて、子どもたちやその家族が集まってくれることを心より楽しめます。いまでは、毎年私が作るお正月料理の数は、六～七種程度です。

まず一つ目は、「数の子の土佐和え」「五万米《ごまめ》（田作り）」「黒豆のつや煮」の『三つの祝い肴』です。子孫の繁栄を願う「数の子の土佐和え」は一キログラムの数の子を前日から水に漬けて塩抜きしてから、薄皮を取り除きます。これはとても大変な作業です。冬の冷たい水を流しながら薄い皮をむくのですから時間がかかり、手がまっ赤になってかじかんでしまいます。ありがたいことに、この仕事は毎年主人が引き受けてくれます。年末年始のための大量の買い物も、主人が手伝ってくれますので、大いに助かっています。豊作祈願の「五万米」は、ごまめ（カタクチイワシの幼魚の乾燥品）を鍋で根気よく乾煎《からい》りして作る方法が一般的ですが、これは時間がかかり過ぎてしまいますので、私は以前から油でさっと揚げて作っています。時間が短くてすむうえにカリカリになり、とても美味しく仕上がりますので。

そしてまめまめしく働きたいという願いを込めた「黒豆のつや煮」。やわらかくつるつるに煮上げるために、以前はつきっきりで丸一日かけて鉄鍋で煮ていました。硬かった場合は翌日に煮直すこともあり、とても大変な作業でしたが、いまは圧力鍋を使って一〜二時間で煮てしまいます。圧力鍋は分解して手洗いする必要があり、部品の組み立てもしなければなりませんが、それでも、短時間でとてもやわらかく煮上がるのは大きな魅力です。

二つ目は「お雑煮」。関西の芦屋に住んでいますが、元日の朝のお雑煮は、白味噌ではありません。江崎家も、私の育った家も、おすましです。

大阪の薬品会社の家に生まれ育った江崎の母の作るお雑煮は、美味しい吸い地に、鶏肉、野菜類に香ばしい焼き丸餅が入っていました。実家は、鶏肉、野菜類、海老が入り、お湯でやわらかくした四角い切り餅を入れていました。

両家の特徴を受け継ぎつつ、家族みんなの要望も取り入れ、最終的に完成した我が家の味は、「鮑《あわび》のお雑煮」です（口絵写真）。吸い地はおすまし。特製の昆布と鰹《かつお》をたっぷり入れてとった、風味豊かなだし汁を使います。最初にお椀の中に、お餅と同じ大きさで梅の花をかたどった、やわらかくゆがいた大根を敷きます。これはお餅がお椀にくっつかないようにするための私なりの工夫。その上に、角がなく丸く生きるようにと丸餅を、腰が曲がるまで長生きしようと海老を、願いを込めて入れます。

欠かせないのが、山梨にある「信玄食品」の「天然あわび煮貝」です。以前、海老がなくて、いただきもののこの煮鮑をスライスして入れたら大好評で、それ以来、我が家の定番の具材になりました。

そして、春を呼ぶやさしい緑色の菜の花、おめでたい紅白の梅の形にした薄切りの人参と大根、かわいい手毬麩《てまりふ》（男性は緑色、女性には赤色のもの）を入れ、最後に香り豊かなゆずの皮を添えてお椀に蓋《ふた》をします。小さな孫たちにはまだ早いのですが、家族全員が大満足してくれるお雑煮です。

三つ目は生のお魚。我が家の食卓には必ず登場します。お造りは日持ちがしませんので、お正月は卸売市場にある馴染みの魚屋さんに頼んでおいた平目を、三十一日に昆布〆にしておき、食べる直前に薄切りにします。卸売市場で購入するお魚は、すべてサク売りです。「美恵子風手作りポン酢」を添えてテーブルに出しますと、嬉しいことに、アッという間になくなります。

四つ目は、温かいお料理。そもそもお節料理は保存食で冷たいものですから、必ず温かいお料理を一品添えるようにしています。これまでに作ったのは、「牛肉と湯葉のラザニア風」「あんこうのココット蒸し」「イベリコ豚のタジン鍋」など。その年の料理教室で作り、評判のよかったものを取り入れています。

二〇一二年は東日本大震災で壊滅的な被害を受けた宮城・気仙沼のフカヒレ製品工場の復興を祈って、家に残っていた最後の乾燥フカヒレを使った「フカヒレの姿煮」

を作りました。みんな、「これ、本当にお母さまが作ったの?」とびっくりしていましたが、実は作り方はとても簡単。電気鍋さえあれば、ひとりでにできてしまうのです。

①熱湯に塩を少々加え、そこにフカヒレを入れる。何度か湯を替え、臭みがなくなったら冷めるまで置いておく
②水を捨て、フカヒレをさっと洗う
③電気鍋の中にフカヒレと土生姜（後で取り除く）を入れ、チキンスープ（市販のチキンブイヨンを湯に溶いたものでも可）で約六時間煮る
④煮上がったら、醤油・塩・日本酒を少々入れて調味する
⑤水で戻した乾燥貝柱など、好みの具材を用意して、食べる一時間前にフカヒレと一緒に火を通す
⑥食べる直前に、水で溶いた片栗粉を好みの量加えてとろみをつける
具材は、カニ身、えのきだけ、白木耳《きくらげ》、チンゲン菜、キヌサヤなどが合います。

デザートも必ず作ります。これまで作ったのは、「ストロベリーのココットケーキ」「抹茶ゼリー」「洋梨のワイン煮」「カスピ海ヨーグルトのムース」など。二〇〇九年からは、料理上手な長男の嫁がデザートを担当してくれています。いつも家族が揃っ

て賑やかですので、嫁と二人で同じキッチンに立つ時間は、とても大切です。いまはデザートのほかに五万米とテーブルセッティングを担当していますが、少しずつ私の役目を譲っていこうと思っています。

お屠蘇の準備も必要です。我が家には八畳ほどの食器専用の「食器庫」があり、そこから木箱に入った屠蘇器を取り出します。一年に一度しか使いませんが、輪島塗で、江崎家の紋が入っている重厚なものです（口絵写真）。

お正月を祝う日本酒を「お屠蘇」として飲む方も多いようですが、本来、お屠蘇は清酒に味醂《みりん》や砂糖を加えたものに「屠蘇散」を浸して作る薬酒です。「屠蘇散」は、肉桂、山椒、桔梗、防風などの薬草が入った漢方の一種で、ドラッグストアなどで購入できます。芦屋では「サーバ」で販売していて、いつもそこで買っています。

我が家では大晦日の夜に、清酒七に対して味醂三の割合で調合します。独特の香りと味で、いかにも薬という感じですが、これを飲むことで一年の邪気を祓《はら》い、健康に過ごすことができるとされています。

屠蘇器は床の間ではなく、和室の塗りのテーブルの上に飾り、元旦を待ちます。銚子に松竹梅の口花を添えて。

お正月〜三が日〜

お正月の準備がほぼ完了した頃には、大晦日も夕方です。夜は、東京の知人が毎年送ってくださる信州の「霧しなそば」で年を越すのが恒例になっていて、主人と二人でゆっくりと一年を振り返りながらいただきます。こうしたゆとりある時間を持てるようになったのも、すべてを自分でやることを諦めたからにほかなりません。お節料理の準備から大掃除まで、何もかも自分でしていた頃は、「紅白歌合戦」を見る暇もなく、除夜の鐘が鳴り始めてもまだ働いていたのですから。

年が明け、起きてから最初にするのは、天気がよい場合は国旗を掲げることです。元旦の空にはためく日の丸を見上げると、新しい年に向かって希望と期待が湧き上がり、日本人に生まれたことへの感謝と誇りを感じます。主人と二人で和室でゆっくりと、梅干しと結び昆布が入った「大福茶《おおぶくちゃ》」をいただき、「お屠蘇」を酌み交わして「おめでとうございます」とお正月を祝い、二人で頭を下げ合って「今年もよろしく」とかしこまった挨拶をした後、今年の抱負を話します。ふだんとはひと味違う、厳《おごそ》かで静かな時が流れます。毎日一緒に暮らしている間柄だからこそ、特別な元旦にはあらたまって挨拶をして、けじめのある日常のスタートを切ることが大切だと思っています。

その後で、手作りした祝い肴三種とお雑煮、そして子どもたちの分とは別に用意した、二人分のお節料理をいただきます。

元旦の最初の仕事といえば、いただいた年賀状を見ることでしょうか。郵便受けに入っている年賀状を、主人宛のものと私宛のものに分け、さっと目を通します。私も仕事を始めてから数が増えましたが、主人はとても一日では整理できないようです。

お昼になったら、ゆっくりと「芦屋神社」に初詣に参ります。この神社は芦屋市の中央、山手の静かな住宅街にあり、芦屋の人々の氏神様として慕われています。お正月の芦屋の街は静まり返っていますが、芦屋神社の周りだけは大賑わい。お参りに来た人の列が、神社をぐるりと取り巻いています。こんなにたくさんの人たちが、いったいどこから集まってきたのかしら……と驚くほどですが、そういう私たちもその一員なのですから仕方ありません。寒空の下、一時間以上も並び、ご近所の方と会えば挨拶を交わしてようやく境内に上りますと、真っすぐに「手水所《ちょうずどころ》」に向かい、柄杓で水を汲んで手と口を清めます。神前に進み、お賽銭を納めて鈴を鳴らしてから、二礼二拍手一礼するのが決まりです。私は二拍手の後、手を合わせ、その手に額をつけて静かにお祈りをします。

「神様、いつも私たちを見守ってくださってありがとうございます。今年も江崎家全員が、健康で、仲良く明るく心豊かに暮らせますように……」と、家族安泰をお願いし、最後にその年にとくにお願いしたいこともつけ加えて、一礼します。これで江崎家の一年もひと安心。あとは真面目に努力すれば、今年一年つつがなく暮らせます。

元日の夜は、二人でお節料理と一人前ずつ作った小さな銘々鍋が恒例です。お鍋にはお餅と豆腐と野菜を入れ、白味噌仕立てでいただきます。

最近の元日は、このようにして主人と二人でゆっくり過ごしています。賑やかになるのは、二日のお昼過ぎから。子どもたちが家族と一緒に泊まりがけで我が家に集まり、新年を祝うのです。

我が家に到着した人から順に、お屠蘇を交わして新年の挨拶をします。二日に集まることにしているのは、元日は娘たちが嫁ぎ先で過ごすからです。全員集まったところで男性陣は着替えに。二時過ぎに、日本きもの学院の講師である着付けの水方先生に来ていただき、主人と長男、長女の婿、次女の婿の四人が着物を着るのです。これが毎年の楽しみ。

女性は着物を着ません。私と嫁、長女、次女の女性四人は、お料理を作ったり運んだりと忙しく、また小さな子どももいるので、洋服のままです。女性たちが着物を着る機会はほかにもありますし、一年のスタートは男性に花を持たせます。

せっかくの着物姿ですので、みんなで再び芦屋神社にお参りに行ったり、ドライブや買い物に出かけたりして、特別な装いを楽しみます。帰ってきたら、家のプレイルームでゲームに興じ、孫たちも室内用のジャングルジムで遊んだりしながら、夕食までの時間を過ごします。

家族の宴は夕方六時頃から。孫たちはまだ小さいので、お年玉は二人の娘と嫁に渡しています。三万円ほどですが、大人になってからお年玉をもらうというのは、とても嬉しいようですよ。

食事を始める前に、各々が一年の抱負を述べて、みんなに意見を聞きます。ふだんはなんとなく言いにくいことも、私はこの場を借りて、やんわりと言うようにしているのです。夜中まで食べて飲んでおしゃべりをして、新年第一回の〝江崎家の家族会〟がお開きになる頃には、孫たちもおねむです。

節分

「鬼は外、福は内」と豆を撒《ま》き、神様に家族の厄除けをお願いする、二月三日（あるいは四日）は節分の日です。

三人の子どもたちが小さい頃は、節分の日になると、お父さまが帰っていらっしゃるのをワクワク、ドキドキして待っていました。「今年は、誰が鬼のお面をかぶるのだろう。自分が鬼役になったらどうしよう……」と思いながら。

我が家では、お父さまは鬼ではなく、豆を撒く役と決まっています。やさしいお父さまに鬼役をさせるのは申し訳ないですし、なにより、家長ですから鬼役などやってもらうわけにはいきません。

「父親」という存在について考えると、いつも思い出す古い記憶があります。

私が子どもの頃、家の中で一番偉いのは父でした。食事のときは、お酒のつまみもありましたので、父のおかずが一〜二品多いのは当然でしたし、魚を頭と尾に分けるときは、決まって頭付きのいい部分が父の前に置かれました。一家のために働いてくれて、なにかと頼りにしていますから、量や品数が多いのは当然のことだと思っていました。

ですが、あるとき小学校で担任の先生にこう聞かれたことがありました。「家で食事をするとき、お父さんのおかずが、家族のみんなよりも多い人は手を挙げてください」

我が家はその通りでしたから、何の迷いもなく手を挙げたのです。ところが、周囲を見回すと、手を挙げている生徒は私だけしかいません。先生は私を見てきっぱりと、こうおっしゃいました。

「あなたの家は間違っています。世の中は男女平等ですから、お父さんとお母さんは同じ品数のおかずでなければなりません」

そのときのショックと言ったら……。「私の家は間違っているのかしら？　おかしいのかしら？」と、不思議な思いで小さくなってしまいました。当時はちょうど男女平等がうたわれ始めた頃。そのときの出来事は、未だ鮮明に憶えています。それほど、学校の先生のおっしゃることは、子どもにとって印象深いものです。

けれど、実際に自分が結婚して家庭を持ってみると、お父さまが一家で一番偉いということは、やはり間違ってはいないと思うようになりました。しっかり仕事をして、お金を持ってきてくれて、子どもにもやさしいお父さま。自然とおかずは一～二品多くなりますし、いい部位を食べてもらいたいと思うものです。

そういうこともあり、我が家では一家の家長であるお父さまは鬼役にはならないのです。

では、一体誰が鬼役をやりましょう?

私はふだんからしつけ担当で怖いお母さま、節分まで鬼役をやるのは許していただきたい。そんなある年のこと、飼い犬であるジャーマン・シェパードのラッキーを庭で遊ばせて、「鬼は~外!」と豆を撒いたことがありました。するとラッキーは、喜んで尾っぽを振りながら走り回り、豆を食べ始めます。ラッキーは遊んでもらって大喜び、私も子どもたちも鬼になるストレスもなく、これはなかなかいい考えだと、それ以来、ラッキーの鬼役は毎年の恒例になりました。

外に豆を撒いたら、続いて家の中に向かって「福は~内!」とふたたび豆を投げます。福が逃げないうちに戸や窓を閉め、恵方に向かって手を合わせて「家族全員、無事に暮らせますように」とお祈りをし、自分の年の数だけ豆をいただきます。「もっと食べたいよ~」という子どもたちと、ポリポリと豆を食べる音。そうして節分の夜は更けていきました。

ところで、みなさんのご家庭では、節分にはどんな豆を撒きますか。

最近では落花生を撒く地域もあるようですが、昔からの風習では炒った大豆を使うとされています。なぜ炒るのかというと、昔の家には土間があり、拾い忘れた豆がそこで芽を出すと災いが起こると言われたので、炒って芽が出ないようにしたそうです。

昔は我が家でも主人の母が炒っていました。家で炒ったほうが香ばしくて美味しいのです。でも、いまは主人と二人で豆撒きもしませんから、市販のものを購入するようになりました。一月になると、スーパーにもたくさんの種類の炒り豆が並びますので、美味しそうで体に良さそうなプレーンの豆を、主人と私の分だけ買ってきて瓶に入れ、まずはご先祖様にお供えします。小さな頃、お供えをする前に豆を食べてしまって、叱られたことをなつかしく思い出しながら、手を合わせて家族の無病息災をお祈りします。

お祈りが終わったら、年の数だけ豆をいただきます。残った豆は、瓶に入れたままキッチンに置いておき、サラダなどに入れています。

栄養のバランスがよいおかずの考え方として「まごはやさしい」（ま＝豆、ご＝ゴマ、は〈わ〉＝ワカメなどの海藻類、や＝野菜、さ＝魚、し＝シイタケなどのキノコ類、い＝イモ類）という言葉があるように、豆は体調を整える食材の代表選手。節分に限らず、我が家のキッチンにはいつも豆があり、健康を守ってもらっています。

バレンタインデー

二月十四日はセント・バレンタインデー。結婚当初、主人は義理チョコ（それとも……）をとにかく嬉しそうに持って帰ってきたものです。最近はさっぱり持って帰らなくなりましたが、どなたかに差し上げているのかしら。

そう思っておりましたところ、新聞（読売新聞二〇一三年二月六日付）でこんな記事を読みました。

「男性諸氏の中には『最近、もらったチョコレートの数が減った』と感じている人もいるだろう。それもそのはず、バレンタインのチョコは『女性から女性へ』贈るのが主流になりつつあるようだ」と。江崎グリコが行ったアンケート調査によると、「女友だち」にあげようと思っている人の割合は六八・五パーセント。対して義理チョコは二七・三パーセントだそう。いまの若い女性はかわいい！

主人が義理チョコをたくさんいただいていた頃はといえば、私は毎年昼間からハート形のチョコレートケーキを焼いて、主人の帰りを待っていたものです（口絵写真）。ディナーも、盛り付けにハート形のものをあしらったバレンタインの特別料理です。「あなたのことを一番に思っているのは私ですよ！」という思いを込めて、ふだんよりちょっとおしゃれもして。

かつて、セント・バレンタインデーは女性が男性にチョコレートを渡して愛を告白する日と決まっていました。女子学生が愛のメッセージを書いたかわいいカードをチョコレートに添えて、いつ、どこで、どのように渡そうかしら……などとあれこれ悩みながら、思いを寄せる男子学生にプレゼントしたりして……。

けれど、西洋では男性から女性にプレゼントをするのだそうです。学生の頃に初めてそのことを知ったときの驚きといったら！

当時、アメリカに住んでいた知り合いが、「アメリカでは、バレンタインデーは男性から恋人に真っ赤なバラの花をプレゼントするものなのよ」と教えてくださり、「私たち、まったく逆のことをしていたのかしら」と思って調べてみました。すると、ドイツでは二月十四日は「運命の日」。フランス・イギリス・アメリカでは「恋人を選ぶ日」として、恋人たちがカードや贈り物を取り交わす日だということです。そしてアメリカでは、男性が女性に花束を贈る習慣があるのだとか。女性がチョコレートを贈ったり、愛を告白したりというのは、日本独自の慣習なのだそうです。

でも、考えてみたら、これはとても日本らしくて、よい慣習だと思いませんか。恥ずかしがり屋の大和撫子《なでしこ》が、愛を告白できるまたとないチャンスなのですから。

いくつになっても、夫婦になっても、恋人のように愛を語れるというのはとっても大事なことです。なのに、日本の男性は照れからくるのでしょうか、結婚して何年か経つと、奥さんのことを「お母さん」などと呼んだりします。あれはどうなのでしょうか。

ときどき、スーパーマーケットやデパートで買い物をしていると、「お母さん！」と呼ぶ大人の男性の姿を見かけます。それが、母親を見失って探している親思いの息子の声であれば「あら、なんてうらやましいお母さま」となるのですけれど、「お母さん」はたいていの場合、くだんの男性の奥さま。なかにはお子さんもいないようなのに、「お母さん」「お父さん」と呼び合うご夫婦もいらっしゃいます。本当に不思議。

夫婦は結婚したら、子どもができたら、「男と女」ではなくなってしまうのかしら……。それではあまりにも寂しいし、もったいない気がします。結婚してもお互い名前で呼び合い、恋人のように愛を語り合えたら、人生の喜びも楽しみも、二倍三倍になると思うのです。もちろん、私たち夫婦は還暦を過ぎてもお互いを名前で呼び合っていますし、息子夫婦、娘夫婦も同じようです。

私はよく、結婚式のスピーチで言うことがあります。

日本の男性は結婚して何年か経つと、言葉に表さなくても妻には自分の気持ちが通じると思う人もいるようですが、そんなことはありません。「以心伝心」とよく言いますが、これは本来、師が言葉を出さずに弟子の心に仏法の根本を伝えることを表す仏語です。つまり、言葉がなくても心が通じるためには、ものすごい修行が必要だということ。一緒に生活するくらいでは、なかなか相手の気持ちを細やかに汲み取ることはできませんから、お互いに思っていることは言葉にして、なおかつ行動で表現するべきです。だから、いくつになっても、言葉と行動、態度でお互いの気持ちや愛情を表現してくださいね、と。

長い結婚生活、新鮮な気持ちを保ち続けるためには、やはり「努力」が大切です。年齢を重ねれば重ねるほどさらに努力は必要ですが、すればするほど、充実して幸福度もどんどん高くなっていくものです。

ちょっと恥ずかしいと思うなら、バレンタインデーにチョコレートを贈って、愛を確かめ合ってみてはいかがでしょう。我が家の場合は、毎日がバレンタインデーのようなものですけれど（笑）。若い方はさほど難しくなくコミュニケーションが取れると思いますから、年月を重ねてマンネリ化しているご夫婦ほど、こういう機会を大事にしてがんばっていただきたいですね。

雛祭り

「明かりをつけましょ、ボンボリに〜」という歌のメロディーを聞きますと、幼い頃、両親がお雛様を飾り付けていたシーンが鮮やかに思い起こされます。明るい陽が差し込む縁側で父が箱を開けると、丁寧に包んだ紙から人形のお顔が出てきます。一つひとつお人形を舞台に立たせていく父の手元。私は固唾《かたず》を呑んで見つめていました。お雛様を飾り、雛祭りが終わるとまた一つひとつ片付けていくという一連の流れのすべてが、親と娘の思い出として代々刻まれていくように思います。

昔から、女の子が生まれると、母親の実家からお雛様を贈るならわしがあります。私が長女を産んで初節句を迎えたとき、マンション住まいでしたが和室がありましたので、実家の両親は七段飾りのお雛様を贈ってくれました（口絵写真）。

やがて二人の娘も結婚し、それぞれ女の子に恵まれました。孫が初節句を迎え、今度は私たちがお雛様を贈る番です。最初は我が家のお雛様を譲ろうと思っていましたが、広くはないマンションでお雛様を飾る場所もないというので、それは親しい知人に贈りました。長女は名古屋の老舗人形専門店「大西人形本店」に一緒に見に行き、三人官女が付いた「三段の五人飾り」を購入しました。次女はリビングのサイドボードに置けるサイズを希望し、「阪急百貨店」の外商に、親王様（男雛）と内親王様（女雛）だけの「親王飾り」を注文しました。いずれも娘たちの意見を尊重して、お顔のかわいい親王様、内親王様を選びました。ちなみに、人形は作った人の名前が書いてあるものもありますが、本来は顔部と着物の作家は違いますので、専門店では、それぞれを選ぶことになります。

お雛様を見た三歳と四歳の孫娘二人は大喜び、大はしゃぎです。いつの日か美しいお雛様のように成長し、数々の嫁入り道具を持って、素敵なお殿様（王子様かしら？）のところにお嫁に行くという夢。そんな夢を持ち続けて、内面、外面ともに磨きながら成長してほしいという願いをお雛様に込めています。

ところで、お雛様の親王様と内親王様を飾るとき、左右どちらに親王様を飾ればいいのか悩んでしまうことはありませんか。私もいつもどちらか迷いながら飾っていましたので、調べたことがあります。多くの資料には、時代によって異なる、関東と関西は左右逆、などと書いてありました。孫娘のお雛様を買うときにお店で伺いましたら、「どちらでも間違いではありません」とのこと。答えはわからぬままでしたが、こんな出来事がありました。

二月末の冷たい風が吹くある晩、西宮市苦楽園の「はた田」という、お料理が繊細で器の素敵なしゃれた小料理屋に主人と二人で足を運んだときのことです。暖簾《のれん》をくぐり小座敷に上がると、モダンな床の間に一対の内裏雛が飾ってありました。親王様は明るい黄櫨《はじ》色（金茶のような色）の衣装で、内親王様のお顔もとても上品。いかにもお公家さんという雰囲気です。

おかみさんに、「とっても素敵なお雛様ですね」と話しかけますと、「これは皇太子さまと雅子さまの御婚礼の記念に作られたお雛様なんですよ。でもお客さまの中には、男雛と女雛の位置が逆だという方がいらっしゃって……」とおっしゃいます。そのお雛様は、左側（向かって右）に親王様、右側に内親王様が飾られていました。

このことから、次のように考えました。江戸時代までの日本の作法では、左側が上座でしたが、西洋の作法が入ってくると、右側が上座とされるようになった。ですから結婚披露宴では、男性は女性の右側（上座）、つまり向かって左側に座ります。その影響を受けて、お雛様も親王様が右側となったのではないかしら。かたや関西とくに京都や、昔の習慣を大切にする家や地方では、いまでも親王様は左側（向かって右）が多いのではないかと。

私は、小料理屋に飾られていたお雛様と同じように、「親王様は左側」が正しいと思います。左大臣は左側に座ります。これはどの雛飾りも同じ。左大臣は右大臣より上位です。ということは、家来たちはみんな、偉いほうが左側の上座に座っているのです。親王様のほうが内親王様より身分は高いですから、家来と同様に、親王様は左側、私たちから見て向かって右に飾るべきというのが私の意見です。

七段飾りの場合、現在の一般的なお雛様の飾り方は、二段目に三人官女を飾ります。三方を持って座っている官女が真ん中で、立っている官女は両脇に並べます。座り官女と立ち官女の間には、それぞれ高坏《たかつき》を置きます。三段目は、五人囃子《ごにんばやし》。歌の通り、笛や太鼓を奏でてくれます。四段目は二人の随身（供の人）。左側に左大臣（老人）、右側が右大臣（若者）です。五段目は、三人の衛士《えじ》（兵士）を置き、左側に桜がきて、右側に橘がきます。桜と橘をどちらに飾ってよいのかわからないときは、いつも主人と二人で「左近の桜、右近の橘」と唱え、確認しながら並べたものです。六段目は、箪笥《たんす》、長持、鏡台、針箱などの嫁入り道具。七段目は中央に四段の重箱を載せ、左右に御所車とお駕籠《かご》を置きます。

そして、一段目の内裏雛の後ろには金屏風、親王様と内親王様の間には、三方に載せた桃花酒《とうかしゅ》が入った瓶子《へいし》（酒器）を飾ります。左が親王様、右は内親王様。男性と女性が同権だと言いましても、やはり男性を立てられる女性に育ってほしいと思います。

家族旅行

我が家では年に二回、大家族で一泊の旅行をするのが恒例行事になっています。私たち夫婦二人と長男夫婦二人、長女と次女は結婚してそれぞれ一人娘がありますので三人ずつ、合計十人の大所帯です。

一回目の旅行は、桜の花の咲く頃に行います。この時期は、なにかと江崎家のアニバーサリーが重なっています。まず、私たち夫婦の結婚記念日。それに、末娘は桜の花を愛《め》でる会で婿と出会い、翌年の桜の花が咲くときに結婚しました。娘や婿たち、孫たちの誕生日も、この時期に多いのです。ですから旅行先では、みんなで結婚やお誕生日のお祝いとなります。二回目の旅行は秋。やはり誕生日を迎える家族や、結婚記念日がある夫婦もいますので、このときもやはりお祝い旅行になります。

家族旅行を決めるときは、まずどこの旅館・ホテルに泊まるかを考えなければなりません。大人だけの旅行と、子どもが一緒の旅行とでは選ぶ場所やポイントも変わってきます。大人だけの旅行では、やはりお料理を一番に考えます。

これまでの旅行でとくに印象に残っているのは、二〇〇八年の春、私たち夫婦と長女夫婦、次女夫婦の六人で行った北陸・石川の和倉温泉です。日本一の旅館と名高い「加賀屋」にお世話になりました。宿泊するお部屋は日本海を一望でき、食事をするために六人一緒に通されたお部屋に並ぶお料理の、それは見事なこと。能登の海で獲れる魚介類や、金沢の加賀野菜など地元の旬の食材を使い、味付けも盛り付けも素晴らしく、幸せな気持ちになれます。

それだけではありません。以前、グリコが発売した『グリコ小さな絵本』というミニ絵本全十二冊が女将の手で部屋に置かれ、さらには誕生日プレゼントも用意されていて……。演出とはいえ、宿泊客のことを理解し、全身全霊でおもてなしをします、という姿勢に感動しました。日本一と言われる所以《ゆえん》なのでしょうね。

孫が生まれてからは、私たちの旅行スタイルも大きく変わりました。小さな子どもがいると、大人だけの旅行では気が付かなかったことが、わかってきます。

宿泊場所は、あまり遠くには行けませんから、全員が楽に集まれるところになります。せいぜい電車か車で二～三時間くらいの距離でしょうか。予約のときに忘れてはならないのは、子どもの利用が可能かどうかを確認することです。そして、じっとしていられない子どものために、宿泊するお部屋は広々として、なおかつ畳がベスト。ホテルのように絨毯敷きで土足の場合は、大きなシーツを借りて床に敷くと衛生的ですので、いつもそのようにしています。

また、子どもは、はしゃいで大きな声を出したり走り回ったり、ときには泣いたりしますので、ほかのお客さんの迷惑にならないよう、全員で個室での食事ができることも大切ですね。

孫を連れた旅行で印象深いのは二〇一〇年九月の京都。総勢十人での初めての旅行で、渡月橋《とげつきょう》のすぐそば、保津川《ほづがわ》沿いにある「星のや 京都」に泊まりました。玄関まで渡し舟に乗っていく風流なお宿です。子どもの宿泊は断っていますが、四部屋ある一棟を貸し切れば大丈夫ということ。四家族いますから、運よく泊まることができました。山にはトロッコ列車が走り、保津川下りを楽しむ人もいるなど賑やかな観光地にあるのに、ここは驚くほど静か。宿のスタッフもほとんど姿を見せず、かといって気配りは行き届いている絶妙な距離感で、家族だけの時間をゆっくりと過ごすことができます。夕食が、対岸にある提携している有名料亭でいただけるのもいいですね。

娘が出産したばかりだからと、遠出をせずに神戸のホテルに宿泊したこともありました。二〇〇九年十一月のことで、神戸港に新しくできた「ラ・スイート神戸ハーバーランド」です。すべてのお部屋がオーシャンビューで、背景には緑豊かな六甲山と自然環境に恵まれた立地ですし、ホテル内のレストラン「ル・クール神戸」は、料理、ワインが素晴らしいのはもちろん、子連れの大家族が食事をするのに便利な個室があり、いまでは我が家のイベント時には欠かせない場所になっています。

旅先で行うことといえば、旅館やホテルに到着したら、まず玄関で全員揃っての記念撮影。お食事の前にも、お酒で顔が赤くならないうちに、女性たちはお化粧や髪が乱れていないうちに、また子どもたちが眠ってしまう前に、必ず撮っておきます。

それから、お祝いを兼ねていますので、各々、カードやプレゼントを用意しています。贈るタイミングは、食事が一段落してホッとした、デザートの前後。そうすると、プレゼントを肴に再び話が盛り上がり、それぞれ写真を撮ったり、撮られたりと賑やかです。その頃には孫たちは寝てしまって静かになり、お酒が好きな人は甘いデザートワインを楽しんだりしながら、夜はゆっくりと更けていきます。

私たちにとって春と秋の二回の旅行は、家族のアニバーサリーをみんなで祝う会であり、家族の結束を強くする大切な行事なのです。

働き盛りの三人の息子たちは仕事が忙しく、全員が揃わないときもありますし、これからも三人娘のお産があって、旅行ができない年もあるかもしれません。孫たちが大きくなれば、塾や受験で欠席することもあるでしょう。それでも、この春と秋の一泊旅行は、恒例行事としてできる限り続けていくつもりです。

海外旅行

私は旅行が大好きです。きっと、幼い頃から両親に連れられて方々を旅行していたからでしょう。とくに父親は世界中を旅していて、その影響を多分に受けました。

なかでも一番思い出深いのは、高校三年生になる前の春休みに、父と二人で行った世界旅行。大手洗剤会社から独立、起業して、香料の会社を経営していた父が、シカゴとパリで仕事があったために計画した旅です。アメリカとフランスに行くのなら、ついでに主な都市を回って世界一周しよう、となったのです。父は母と行きたかったのですが、母は健康に不安があったので、私に白羽の矢が立てられました。合計四十日間、春休みを含んでもそんなに長い期間、学校を休むことはできませんので、両親が学校の先生を説得して許可をもらいました。単なる旅行ではなく、父親の世話をすること、欧米の文化を学ぶことが目的で、その内容をレポートにまとめて提出することを条件に許してもらったのです。

この旅行は毎日が楽しく珍しく、貴重な体験ばかり。おもしろかったのは、十七歳の高校生と五十六歳の父親との二人の旅行を、いくら父娘と説明しても信じてもらえなかったことです。年の差カップルと思われたのでしょうか、ヘンな目で見られたこともありました。どうも西洋では父娘が二人で旅行をしないようです。

とくに、ナイアガラの滝に向かうレインボウ・ブリッジでの出来事は印象的でした。私がお土産や荷物を持って父の少し後ろを歩いていますと、父のところに西洋人の男性がやってきて、私のほうを指差して何か言っています。しばらくして父が、私が持っている荷物を取り上げると、その人は満足気に離れて行きました。旅行中、自分の荷物は自分で持つ、父の分も洗濯をする、父が困ったときは助ける、という約束で旅行をさせてもらったのですが、その男性は私を妻だと思い込み、「夫が妻に荷物を持たせてはいけない。夫が持つべきだ」と言い張ったそうです。「一緒にいるのは妻ではなく、娘です」と父がいくら説明しても、その男性はわかってくれなかったようです。これが「レディファースト」ということなのだと、身をもって知りました。

この四十日間は、私の海外旅行の原点になっています。それまで映画でしか見たことがなかった、肌の色や言葉、文化・習慣の違う人々と触れあい、いろいろな世界を知ることの大切さを学びました。また、そのときに伺ったシカゴ近郊にある父の業務提携先のオーナーのお宅で受けた「おもてなし」が、現在の私のおもてなしの礎となっているような気がします。これについては、後で述べることにしましょう。

結婚してからは家族で旅行をするようになりましたが、船旅はおすすめです。

私が子どもの頃、年に一〜二度、瀬戸内海を船に乗って父の実家のある愛媛県松山市に行きました。そのため、私は「お船が大好き」な女の子に育ったのです。いつの日か世界をクルージングしたいと思っていて、やっと実現したのが二〇〇四年の八月。クルージングは二週間で一単位が基本ですが、初めてでしたので一週間、アラスカに向かう旅を選びました。サンフランシスコから出航し、海からゴールデンゲートブリッジを見上げたときには、大きな橋とその先に広がる大海原に感激して涙が止まりませんでした。いまでもそのときのことを思い出すと、涙がこぼれます。夜になると空一面に星がきらめき、到着地のアラスカは木々の新緑に氷河の白と様々な表情を見せてくれる。これほどの大自然を肌で感じるという経験は、なかなかできません。

この船旅がとてもよかったので、二〇〇五年八月には地中海をクルージング。バルセロナ、ローマ、ナポリ、ベニス、クロアチアと夢のような二週間を過ごしました。そして、船旅の素晴らしさを子どもたちにも知ってもらいたいと思い、二〇〇六年八月は私たち夫婦と、長男長女の四人で船旅を計画しました。ストックホルム、ヘルシンキ、サンクトペテルブルグ、エストニア、コペンハーゲンを巡る二週間。残念ながら次女は結婚していて参加できなかったのですが、白夜の北欧はそれは美しく、いままでで一番思い出深く、忘れることのできない旅になりました。子どもたちには、経済的にも時間的にも余裕ができたら、ぜひ自分たちで行ってほしいと思います。

船旅のよいところは、まず、乗船した後は、移動するたびにいちいち荷物をまとめる必要がないことです。途中立ち寄った港で観光するときは必要なものだけを持ち、大きな荷物はお部屋に置いたままでいいのです。世界一周三ヵ月の長旅でも、再び日本に帰ってきて下船するまで、荷物はそのまま。そのうえ、観光するときはガイドがついて見どころを案内してくれます。年齢を重ねて体力があまりない私たちにとっては、船旅はとてもラクで安全なのです。近い将来、ぜひ世界一周したいと思います。

第二に、施設が充実していて、航海中も選ぶのに迷ってしまうくらい楽しいイベントがいっぱいあること。ミニテニスコート、ゴルフ練習コート、卓球台、アスレチックルーム、プールや遊具、音楽ルーム（カラオケの機械や楽器も設置）、ゲームルーム（マージャン、カードなど）、カジノ（コインを使って行う）などがありますし、子どもを預かってくれるお部屋もあります。しかも、どれも無料です。子どもから大人まで、ぼんやりしている暇がないほど、たっぷり楽しめます。とくに夏の地中海コースは、小さな子どもを連れた世界各国の家族連れで船はいっぱいでした。

船の中では、ダンスパーティーも催されます。ダンスは先生がいらっしゃって教えてくださるのですが、奥さま方がうっとりとしてはいけませんので、六十歳以上の男性が多いようですね。ドレスアップしてダンスパーティーに参加すると元気になり、体も動かせて楽しいものです。何より、いろいろな国の人たちと交流を持てることも貴重な経験です。

船旅は、時間的に余裕がなければ楽しめませんが、経済的には予算に応じて選べます。部屋は狭くて下のほうの階になってしまいますが、客室クラスを少し落とせば、手軽な料金で利用することができるのです。たとえば、「クリスタル・クルーズ」が運行するストックホルム―コペンハーゲン十一泊のクルーズの客室は、もっとも高い客室がクリスタル・ペントハウスの二万七五三五ドルで、一番下の客室はデラックス・ステートEの四四九〇ドル（いずれも二〇一一年十月時、二名一室利用の場合）と、全部で八クラスほどに分かれています。

デラックス・ステートEは日本円で四十万円ほど。その中に宿泊費はもちろん、食事代や施設利用料、チップも含まれていますので、トータルで考えるとお得なのです。ただし、お酒だけは有料でした（現地までの交通費も別途）。

ちなみに、子どもたちは私たち夫婦より一つ下のクラスのお部屋にしました。食事は客室クラスに関係なく、どのレストランでも、また、ルームサービスでも、なにをどれだけ食べてもよく、とても喜んでいました。ランチは各国の料理が並ぶような豪華なビュッフェもあります。ただし、なかにはお部屋や公用スペースのすべてがクラス別になっていて、上のクラスに行けない船もあるようです。英国籍の船に多いように感じます。

二〇〇四年から二〇〇六年の夏休みは船の上で過ごしましたが、残念ながら、それ以降は乗っていません。主人の仕事の都合で長い休みがとれないうえに、海上では電波が届きにくく、パソコンや携帯電話がつながりにくいからです(もちろん船舶の電話は通じますが)。やはり、時間的、精神的に余裕がないと船旅は難しいですね。

世界の豪華客船には、ずうっと特等のお部屋に乗り続けている、つまりほとんど住んでいるといっても過言ではない富豪が何人かいらっしゃるようです。港に着いたら、ときどき降りて、そこに住んでいる自分の子どもや孫たちと会って、また船に戻るという夢のような生活なのだとか。知り合いの日本人も、「食事を作らなくてよいし、掃除、洗濯もしてくれるし、病院も充実しているし、まるで動くホテル。年を取ったら老人ホームとしても最高ね」などとおっしゃっています。

近い将来、ゆっくりと船旅を楽しめるといいなあと夢を見つつ、そのときのために、ダンスと英会話の練習に励まなければと思っています。

父の日、母の日

　西洋のお父さんは、ふだんから家の中でよく働くそうですね。とくにフランスのお父さんは、子どもの世話はもちろんのこと、休日の食料の買い物、食事の準備、後片付け、家の修理などなど、完璧な夫であり父親であると聞きます。日本の妻たちにとっては、なんとうらやましいことでしょう。でも、家庭一筋かというとそうでもないようで、ほかに恋人ができたら、あっさりと新しい家族を作ったりなどということもある様子。

　いくらよくできた完璧な夫、お父さんでも、家族として長続きしないようでは困ります。その点、仕事が忙しくて平日は家事や育児を手伝えなくても、一生家族を守り続ける覚悟を持ってくれているような日本のお父さんはステキだなと思います。

　私の父はとても厳格で、妻子と少し距離を置いた立場から、見守ってくれているような存在でした。一方、我が家のお父さま（私の主人）は、会社の屋台骨としての仕事が忙しく、家族のために費やす時間はほかの人より少なかったと思いますが、家族のために毎日一生懸命働き、どんなに忙しくても、早く帰った日や休日には、精一杯子どもたちと遊んで過ごしていました。お風呂に入れたり、食事の世話をしたり、着替えやおむつ替えもして、怪我をしたら消毒して絆創膏《ばんそうこう》を貼ってあげて……と、それはそれはやさしく、「まるで看護師さんね」とからかいたくなるほどです。めったなことでは叱りませんし、子どもたちには絶大な人気でした。

お父さまがそのようですから、教育上の叱り役は私。嫌われ役を買って出ています。孫にも同じように接していますので、子どもたちばかりか三歳の孫娘にまで、「みいちゃま（私のことです）より、おじいちゃまが大好き♡」と宣言されています。

父の日には、そんなやさしいお父さまのために、子どもたちが欲しいものを聞いてプレゼントしているようです。といっても、当のお父さまは物が何かということよりも、子どもたちが自分のために選んでくれるということが嬉しいようですが。

お父さまの人気には、ふだんは到底勝ち目のないお母さまの私にも、母の日には、家族が日頃の感謝の気持ちをめいっぱい表してくれますので、叱り役もやってきてよかったと思います。父の日もそうですが、母の日は家族がみんな集まって一緒に食事をし、寄せ書きしたカードをプレゼントしてくれます。

母の日だけではなく、誕生日や結婚記念日に家族が書いてくれたカードは、宝石より大切な私の宝物。それらを保管している箱はかなりの大きさにもかかわらず、いまや子どもたちからのカードや手紙でぎっしりです。いままでで一番大きなカードは、私の六十歳（還暦）のときに贈られた、三十センチ角の色紙。家族全員が勢揃いした写真が中央に貼ってあり、その周囲には主人と家族からのやさしいメッセージが書いてありました。見返すたびに、いままで元気で生きてこられてよかったと、胸がいっぱいになります。

一番古い手紙は、娘がようやく平仮名が書けるようになったときに、鉛筆で「おかあさま、いつもおべんとうをつくってくれてありがとう。これからもよろしくおねがいします」と書いてくれたもの。あと二〜三年もすると、その手紙を書いた娘も、今度は自分の娘からもらうことになるでしょう。そう思うと、月日の流れに感謝します。

子どもたちがそれぞれ独立して、子育ても一段落し、気持ちにも余裕が出てきたからでしょうか、主人とよく、「三人も産み育てて、よくがんばったわよね」などとことあるごとに話しています。主人も「子孫を増やしたご褒美に、国民栄誉賞をもらってもよいくらいだ」などと言い、お互いをたたえ合っています。

現在は寿命が一段と長くなって「親の介護」のことが問題になっています。介護する側が疲れて親を手にかけてしまったり、片や一生懸命になり過ぎて自分を見失ったりという話を聞くと、必ずしも長生きすることはハッピーなだけではなく、苦悩も多いように思います。

私たち夫婦は、おかげさまで現在は健康で仲良く暮らしていますが、近い将来、必ずや介護が必要になると思います。私の母は、六十七歳のある日、突然に天に召されました。周囲にまったく迷惑をかけずに旅立ちましたが、多くの人は、少しずつ足腰が立たなくなり、体力が弱っていきます。

そうなると、どうしても誰かの世話にならなければなりませんから、子どもたちにははっきりと、自分たちが動けなくなったときのことを話しています。「できる限り、自分たちで生活していきます。けれど、どうにもならなくなったときは、どうか助けてね。病院や施設の力を借りてもいいけれど、必ず会いに来てね」と。

介護が必要になったときの話をするのには、少し抵抗がありますが、そのように本音を言えるのも、大きな箱いっぱいに思いが詰まった子どもたちからの手紙があるから。絶対的な信頼感があるからです。

父の日、母の日の手紙は、親子の絆を深めるためにも、ぜひ孫の代にも受け継いでいってほしいものです。

結婚式

六月に結婚した花嫁、「ジューンブライド」は幸せになれると言いますが、この言葉は「June bride」と英語ですから、イギリスかアメリカで生まれたのでしょう。六月、彼《か》の地はさわやかな気候で緑がいっぱい。太陽の光がさんさんと降り注ぐ美しい日にウェディングを行えば、それはたしかに幸せになれそうですね。

日本にも「ジューンブライド」という言葉は入ってきていますが、残念ながら日本の六月は梅雨真っ只中。以前、娘がお友だちの結婚式に六月に東京へお呼ばれしたときに、「あら、ジューンブライドね、よかったわね」と幸せを祈っておりましたら、東京は大雨だったとか。教会への行き帰りのときには小雨になったようですが、「よかったわね」というお天気ではなかったようです。

思い起こしてみましたら、私の友人の結婚披露宴に参加したときも、雨だったことがありました。そうしたら、友人のお母さまのお知り合いの方のおしゃべりが聞こえてきて……。

「今日は、やっぱり雨ですね。花嫁さんのお母さまは、いつ、どこへ行っても雨。

『雨女』ですから、仕方ないでしょう……」

周りの方々はなんとも言えず苦笑い。ですが、出席していた別の方がスピーチで見事なフォローをなさったのです。

「昔から、結婚式の日に雨が降ると『降り込む』、つまりお金を『振り込む』と言って、その花嫁さんは富を持ってくるとして歓迎されました。花婿さん、そのような花嫁さんを迎えてよかったですね。おめでとうございます」

この言葉で一気に場が和みました。せっかくの結婚式に空がどんよりして雨も降り始めると、気持ちが暗くなってしまうもの。セットした髪や晴れ着も濡れたりしたら、がっかりしてしまいますね。そんな状況の中、「富を持ってきてくれる縁起のよい花嫁さん」というのは、花嫁さんの気持ちを救うひと言でした。なんて日本人らしく、やさしい言葉なのでしょう。

雨が降っても降らなくても、寒くても暑くても、すべての花嫁さんと花婿さんが幸せであるならば、結婚式の時期はあまり考えなくてよいのかもしれません。とはいえ、私の三人の子どもたちの結婚式と披露宴は、六、七、八、九月は避けました。なぜかと言いますと、私自身がその時期に招待されると着る物に迷ってしまいますので、招待される方もさぞかしお困りになると思うからです。洋装で出席する場合は問題ないのですが、結婚式は親族、親戚、主賓は着物が多く、どのような着物を着るのかが大問題になります。

礼装には大きく分けて、「正装」と「略礼装」があります。結婚式の場合、式を主催する身内側の者は「正装」となり、既婚の女性は紋の入っている黒い着物（黒留袖）を着ます。紋は背と両袖、両肩の五ヵ所に入っていて、上半身には柄がなく、裾だけにおめでたい柄が入っています。未婚の女性は黒でなくてもよく、色付きの「振り袖」を着ます。

「略礼装」は色付きの着物で、「訪問着」「付け下げ」「色無地」などと呼ばれるものがあります。種類が多くてややこしいのですが、柄の入り方で区別されています。

こうした着物の「格」のほかに、季節によって着物の種類が変わってきます。六月と九月は「単衣《ひとえ》」といって、裏地のない単衣の着物、七月と八月は「絽《ろ》」「紗《しゃ》」という夏用の薄物を着ると決まっています。

夏用の単衣も上等なものは着物の格として低いわけではありませんが、裏地付きで重厚感のある「袷《あわせ》」の着物に比べると、どうしても見劣りしてしまいます。まして写真に撮りますと、その差は歴然。やはり袷のほうが品格があり立派です。

近頃は、どこの会場でもクーラーがきいていますので、夏でも袷の着物を着てこられる方もいらっしゃいますが、やはり身にも心にも重いもの。私もどちらにしようかと、いつもぎりぎりまで頭を悩ませてしまいます。

出席いただく方々に私と同じ思いをさせるのも、第一、真夏に袷の正装で汗だくになりながらお越しいただくのも大変申し訳ないこと、という理由で夏は避けました。

結婚式と披露宴の目的は、洋の東西、時代を問わず、二人で生きていく決意をした新郎新婦を周りの人たちが祝福し、ときには助言したり、手を貸したりしながら、ずっと見守っていきますよ、ということを確認する儀式だと私は思っています。

国や民族や地域、あるいは時代によってもさまざまな結婚式のしきたりがありますが、日本の挙式のスタイルは、大きく分けて神前式、キリスト教式、仏前式、人前式の四つ。近頃は宗教や従来の形式にとらわれない自由で新しいスタイルの「人前結婚式」を、おしゃれなレストランなどで挙げる方も増えているようですね。

仏教では、夫婦の結びつきは仏の慈悲による前世からの深い因縁としてとても大切に考えられています。仏教徒の多い日本では、「仏前結婚式」を挙げる人が多くてもよさそうなものですが、それほど広まっていないのはなぜでしょう。結婚式には宗教心とは別の要素が求められるのかしら。とくに若い花嫁さんは、ロマンティックな雰囲気のキリスト教式に憧れて、新婚旅行を兼ねた海外挙式ツアーが人気だと聞きます。

我が家はキリスト教ではありませんが、三人の子どもたちはみんなキリスト教系の学校に通っていましたので、その影響を受けたのでしょうか、長男と長女は教会で式を挙げました。信者ではない場合は、挙式前に二人で神父様の講話を受けます。そこでは夫婦のあり方から家庭のお金のことまで、いろいろなお話を聞くそうですが、子どもたちは、あらためてキリスト教の「愛は至上の理念」という考え方を教えられて、夫婦として愛の絆で結ばれることに感銘を受けたと言っていました。

神前結婚式は、日本の伝統的な挙式の形です。現在のような式の形は、一九〇〇（明治三十三）年に、当時の皇太子（大正天皇）と九条節子《さだこ》妃（貞明《ていめい》皇后）のご成婚の儀式が神社で執り行われたことで広まったそうです。神社の神殿で和服を着て、日本古来の儀式を取り入れた厳粛な雰囲気が魅力的です。いまは、ホテルや式場に設置された仮神殿で行うのが一般的なのだとか。

末娘は大阪の老舗ホテル「リーガロイヤルホテル（大阪）」で、神前式の挙式を行いました。嫁ぎ先が和菓子屋でしたので、「和装で神様の前で誓う」とすんなり決まったようです。実は、この式場は私たち夫婦が結婚式を挙げた場所でもあります。江崎の祖父の希望と、母の実家が神社だったことから神前式となりましたが、私はどうしても純白のウェディングドレスが着たくて、ドレスで挙式を行い、お色直しで和装とイブニングドレスを着ました。

独特の雅楽の音色を聞きながら会場に入ってくる末娘夫妻を見たとき、三三九度の盃を酌み交わした、四十年近く前の自分たちの姿を重ね合わせたのでした。

夏休み

夏休みに入りますと、私たち夫婦はカナダのバンクーバーかハワイの別荘で過ごします。結婚してそれぞれ家庭を持った三人の子どもたちも、海外で過ごす私たちのところに、毎年交代で家族揃って遊びに来てくれます。

なぜ海外に家を持ったかといいますと、もともとは「子どもたちのしつけのため」「家族の絆をより強くするため」、そして外国で文化、芸術、言葉の勉強をして「視野を広げるため」という理由でした。男の子なら、海外留学をしていろいろな経験をすればいいと思うのですが、女の子はそうはいきません。私は娘を「海外留学させない」派でした。海外に一人で行かせるなんて、小舟にたった一人乗せて大海原に放り出すようなもの。たくましく成長して帰ってくればいいですが、大嵐でひっくり返ったり、大きな船にぶつかって座礁したり、海に落ちてサメにでも食べられてしまったとしたら……。そう思うと、心配で心配でとても留学をさせる決心などできません。

ですが、その一方で海の向こうに異なる文化があることを、身をもって知ってほしいという思いもありました。それは短期間の旅行ではなかなか難しいこと。

それに、日常から離れて海外の家で過ごすことは、娘たちに女性としての生活の仕方をじっくりと教えるまたとない機会でもあります。ふだんは忙しくてゆっくり教えられない、毎日の掃除、洗濯、買い物や食事の準備、後片付けなどの家事を、一緒に行いながら教えることができるのです。ただ技術を教えるだけでなく、いろいろな会話もできますから、親子の距離もより近くなるもの。そこで我が家では、子どもたちが小さい頃から、夏休みは海外の家で過ごすようになったのです。

ところが、夏休みとはいえ、長期で海外に行くのはなかなか大変でした。娘二人が通っていた小・中学校には、当時、夏休みには「旅行届」を提出する義務があったのです。日々の生活を大事にして、子どもに贅沢をさせず、家の手伝いなどをしっかりさせてほしいというのが、学校の方針だったのでしょう。バンクーバーで一ヵ月過ごす旨の旅行届を出しましたら、「学校側は、生徒の海外旅行も海外留学も勧めておりません」というお返事をいただきました。そこで、現地に住んで外国の生活習慣や言葉を勉強させる機会にしたいという目的をお伝えして、ようやく許可がおりました。

バンクーバーの別荘を購入したのは三十年ほど前になります。旅行で訪れたとき、街の美しさにすっかり魅せられてしまい、ここで暮らしたいと思ったのです。小さな湾に面した高層のコンドミニアムで、部屋の広さは家族だけで掃除や手入れができる程度の、決して大きくはない家。新築でしたが、ずいぶん昔のことですので、不動産もいまほど高くはありませんでした。

ウォーターフロントの窓辺から見える景色は、海が一面に広がり、まるで船上にいるような気分。家の対岸には、素敵な雑貨店やレストランが並び、その一角には野菜や魚、肉、パン、ケーキ、花などを売っているマーケットがあります。マーケットには湾に沿って車でも行けるのですが、家の前から十人乗れるかどうかという小さな「たらい」のような舟が出ていますので、それに乗って行きます。母娘三人、プカプカ浮くのを楽しんでいるうちに到着。マーケットには、生きている伊勢海老や大きなカニ、鮭がそのままの姿で売られているし、野菜や果物も新鮮なものばかりです。荷物が多くなるので主人に車で迎えに来てもらって、家に帰ると女性三人で夕食作りがスタート。ときには娘たちに任せて、主人と私はゆったりとベランダで海を眺めながら食前酒などをいただきました。

自分たちで魚を釣ってバーベキューをすることもあります。いまもときどきやりますが、ヨットに乗って湾に出て（口絵写真）、まず海底にカゴを落とします。平目や鯛などを釣っているうちに、カゴにはカニや貝類が入ってきますから、それらを焼いていただくのです。獲れたての魚介はなんて美味しいのかしら、とみんなで顔を見合わせながら。バンクーバーでは、「生活そのもの」がとても豊かで楽しいのです。

一九九五年の阪神・淡路大震災の後には、あまりにも恐ろしかったので、地震のない国に行きたいと思って、オーストラリアのゴールドコーストに家を購入しました。とても気に入っていたのですが、街から遠いことと、オーストラリア行きの飛行機の便が少なくなってしまったことから、ハワイに引っ越しました。ハワイは新婚旅行で訪れたときは食事があまり美味しくなかったのですが、最近はとっても美味しくなりましたね。ゴルフ場の中に家がありますので、すぐコースに出ることもできますし、夕方になればゴルフをしている人がいなくなるので、自由に散歩もできます。最近は孫とバンカーでお砂遊びをしたりしていますよ（笑）。

いまはゆっくり過ごしていますが、「生活そのもの」を楽しみながら過ごした海外での夏休みは、子どもたちにとっても、親にとっても、日本では体験できない貴重な経験でした。娘たちは視野が広がったと思いますし、英語も上手になりました。

息子はといえば、「日本の中心は東京だから」と高等学校から東京へ行き、大学を卒業すると、今度は「世界の経済の中心のニューヨークで仕事をしてくるよ」とアメリカへ旅立っていきました。大海原へと漕ぎ出すハードルは、バンクーバーでの生活のおかげで低くなったのかしら、と思います。

行事～成長のお祝い～

人生には、節目ごとにお祝いの行事がありますね。その行事に相応《ふさわ》しい装いをして、お料理や飾り物などをしつらえ、みんなでお祝いすることは、家族の愛や親戚の絆を確かめ合い、また、日々の暮らしに楽しみや変化をつける生活の知恵のように思います。

人生最高の出来事、無二の喜びは、この世に生を受けること。我が家のお祝いの歴史は、子どもの誕生から始まります。

妊娠して五ヵ月目に入った最初の「戌《いぬ》の日」には、妊娠を喜び、無事出産を祈る「帯祝い」があります。これはお産が軽く、たくさん子どもを産む犬にあやかろうと、戌の日に妊婦のお腹に帯を巻く儀式です。

私たちが住む阪神間（大阪から神戸の区間。その真ん中辺りに芦屋があります）で安産のお参りといえば、兵庫県宝塚市の中山寺《なかやまでら》。私も妊娠したときは中山寺で「帯祝い」をしました。実家の母に連れられて、「これじゃ流産しちゃうわよ」と思うくらい長いお寺の階段を登って安産を祈願。墨でお祈りの文言が書かれたさらし木綿をもらって、母に手伝ってもらいながら巻いたことを覚えています。

その夜は、家族みんなで集まって祝い膳を囲みます。そして無事に出産しましたら、必ずお礼参りをしなければなりません。

娘たちが妊娠したときも中山寺に行きましたが、エスカレーターができていたことに時代の流れを感じました。帯の巻き方は病院の助産師さんが指導してくれたそうです。といっても、帯を巻くのは形式だけ。胎児の安定や保温のためには、より便利で実用的なガードルを薦められて、それを使っていました。

赤ちゃんが生まれると、すぐに両親をはじめ身内に知らせます。でも、私は親族以外の友人や知り合いには知らせないほうがいいと考えています。報告を受けた人は喜んでくれると同時に、「何かお祝いをしなければ」と思いますから、催促しているようでなんとなくスマートではありません。

こんなこともありました。名古屋に住んでいる上の娘は、芦屋で里帰り出産をしたのですが、それを知ったお友だち三人が「ご実家にいらっしゃる間に赤ちゃんのお顔を拝見したい」と、我が家に来るとのこと。それも、お仕事をされているのか、夜にいらっしゃるというのです。赤ちゃんは泣いているし、娘は産後で疲労していますから、気持ちはとても嬉しかったのですが、お断りしました。娘だけでなく、正直言って母親の私も娘と赤ちゃんの世話で精一杯。そのうえ、週末には婿が来てくれますので、夕食の支度や泊まる準備もあります。お客さまどころではありません。私自身がそのように感じていましたから、出産してすぐ知らせないほうがいいと思うのです。年賀状などでさり気なく伝えるくらいがいいのではないかしら。ですから、私は人さまの出産の知らせを受けても、お祝いに伺うことはしません。親しい関係の人の場合は、お手紙を添えて出産祝いをお送りする程度です。

生後七日目までには、赤ちゃんの名前を決めます。私たちの場合、江崎家に昔からある漢字とカタカナの古い命名の本を見ながら、画数、陰陽、字の意味、音の響きなどの条件を揃えて子どもの名前をつけました。いま、その本は金庫にしまってあります。息子の名前をつけるときは、「江崎」にすべての条件が合う名前がひとつしかありませんでしたから、即決でした。

赤ちゃんのお父さんが筆で書いた命名書をみんなの前で開くときは、家族全員が待ちに待った瞬間です。二人の娘たちも母親になり、子どもの名前をつけたときも、婿が筆で名前を書いた命名書を用意しました。開かれるのをいまかと待っている私たち夫婦は、ワクワク、ドキドキです。娘たちは、画数、字の意味、音の響きなどを考えて、夫婦で名前を決めたようです。名づけを人に相談する場合でも、最終的には両親が決めるのがよいですね。親になって初めて二人で物事を決めるのが子どもの名前ですから、親としての自覚と責任と自信、そして子どもに対する愛を実感するためにも、自分たちで決めたという思いが大事でしょう。

生まれてから三十日前後には、氏神様にお参りする「お宮参り」があります。私たちは兵庫県西宮市にある西宮神社に行きました。必ず家族写真を撮りますが、赤ちゃんが疲れてしまわないようにお参りの前にしました。

一般的にお宮参りは生後三十日前後ですが、気候がよい時期に行えばいいのではないかしら。地方によっては五十日目、百日目というところもあるようですし。というのも、長男のときに、この生後三十日前後を守って大変な思いをしたのです。十月三十一日に生まれましたので、お宮参りは十二月初めの寒い時期。主人の母と私の母は着物を着て、小さな長男はおむつを替えて、実家で準備してくれた江崎家の紋入りの祝い着をはおり、ようやく準備が整って、さぁ、家を出ましょうと思ったら、小雨がぱらついてきました。朝から曇っていて北風も吹いていましたので、とにかく寒くて。するとと私の母が突然、「赤ちゃんが風邪をひいたらいけませんので、来週に延期しましょう」と言い出し、急遽《きゆうきよ》中止になってしまったのです。延期した当日もお天気が怪しく、また母が直前に同じことを言い出さないかとハラハラしましたが、神様が助け舟を出してくださって薄日が差し、いまのうちとばかりに、大急ぎで神社に向かったことを憶えています。

生後百日目頃には、「お食《く》い初《ぞ》め」があります。これは離乳食が始まる頃、子どもが一生食べ物に不自由しないようにとの願いを込めて行う儀式。我が家では三人とも、尾頭付きの鯛とお赤飯を用意して食べさせるまねをした後、家族だけでお祝い膳を囲みました。「お食い初め」用として、江崎家に代々伝わる紋入りの立派な漆器のお膳があったのですが、あまりにも豪華すぎて小さな子どもには違和感がありましたので、大人と同じおめでたい図柄の入ったふだん使いの器に盛りました。

三歳のときは男女とも、五歳は男児のみ、七歳は女児のみ「七五三」を行いますね。十一月十五日前後の日に晴れ着を着て氏神様を詣で、無事に成長したことをお祝いし、これからも健やかに幸せに育ちますようにと祈ります。千歳飴を持ってみんなで記念写真を撮った後は、親戚に挨拶回りに出かけたりします。

我が家では、三歳、五歳のときは着物は作らずに洋服にしました。長女が七歳のときは実家の両親が作ってくれた着物を着て、それをお正月にも着て楽しみました。その着物は、下の娘が七歳のときに受け継いでいます。

せっかくの晴れ舞台ですから、新しいものを着せてあげよう、という親心もあるでしょう。私は、子どもの衣服にお金をかけるかどうか、行事があるたびに考えてきました。昔は娯楽も少ないですから、晴れの日に新しい着物を着ることは大きな楽しみのひとつだったのではないかと思います。でも、いまはきれいな洋服や貸衣装がありますから、小さな子どもにはそれで充分。窮屈な着物で歩き回らせたり、汚さないか心配されたりするのはかわいそうですし、すぐ成長して着られなくなります。着物の手入れや後片付けの大変さを考えても、無理して作る必要はないと思います。

関西では十三歳になる子を祝う「十三参り」という行事もあります。関東ではあまり馴染みがないようですが、江戸時代中期に始まって京都で発展したようです。知恵と福徳を授かるための行事で、四月十三日にお参りします。私たちは京都の法輪寺に行きました。後ろを向いてお賽銭を投げるといいそうですね。このときは、娘に新しい振り袖を作りましたが、その呉服屋さんの話では、江戸で始まった行事だけれども、京都で呉服屋さんが着物を売るためにがんばったため、関西に広く伝わったのではないかとのこと。なるほど、呉服屋さんの営業努力が関係していたのかと納得しました。

お祝いの儀式を通して、人生の節目を感じながら子どもたちは大人になっていくのでしょう。

行事〜三大祝儀〜

日本には昔から三大祝儀という行事があります。「元服（成人式）」「婚礼」「賀寿（還暦）」の三つです。時代を経て形を変えてきたようですが、人生における大きな祝儀であることに変わりはありません。

男子が成人になるための儀式「元服」が「成人式」へと変化したのは、一八九六（明治二十九）年の民法の施行がきっかけのようです。二十歳になると、社会的な権利と義務を持つ成人として認められるようになります。つまり、選挙権を得て、親の同意がなくても結婚が可能で、飲酒・喫煙も自分の意思でできるようになる。こうした「権利」を持つ代わりに、国民年金加入などの社会人としての「義務、責任」を負うことになるわけです。

私たちの子どもが二十歳の誕生日を迎えたときには、お祝いとして主人が「有意義に使いなさい」と、金一封を贈りました。子どもたちはまだ親の援助を受けていましたが、成人になったという責任を自覚した様子で、神妙に受け取っていました。

娘たちの場合は、成人したときよりも東京の大学に出すときのほうが、いろいろ話をしました。本人の意思で行動したことならいいのですが、彼女たちが不本意な状況に陥ることは親としては耐えられません。二人とも女子学生専用の寮に入りましたが、それでも心配で、女性として起こり得る危険について話し合い、忠告もよくしました。

「婚礼」については、結婚式のことはすでにお話ししましたので、ここでは結婚記念日について触れましょう。結婚記念日の習慣はイギリスで始まり、日本では一八九四（明治二十七）年に明治天皇の銀婚式のお祝いをしたことから一般化されていったようですね。結婚一周年から十五周年までは毎年、その後は五年ごとのお祝いになり、夫婦または家族で祝って愛を確かめ、労をねぎらいます。二十五周年の銀婚式や五十周年の金婚式はとくにおめでたいので、親戚や友人知人も招いてパーティーをすることも増えているようです。

子どもたち夫婦が幸せに暮らしていることが、私たち夫婦にはなによりの幸せですので、子どもたち夫婦の結婚記念日には「いつまでも幸せに」という願いを込めて毎年プレゼントをしています。我が家の場合、次女、長女、長男と年齢の小さい子どもから順に毎年結婚しました。最初の次女夫婦には、結婚一周年の「紙婚式」祝いに、彼女の名前にちなんで「ゆりの花」の水彩画を贈りました。とても気に入ってくれて、玄関の正面の壁に飾ってくれています。長女夫婦、長男夫婦にも、一周年にはそれぞれリトグラフと風景画を贈りました。どちらもリビングに飾ってくれています。

二周年の「綿婚式」は、各家庭のリビングに合わせて、木綿のソファカバーを贈りました。三周年は「革婚式」ですので、皮革のクッションや椅子。四周年の「花婚式」には鉢に植えられた花、五周年の「木婚式」には木製の食器など。そして一番早く六周年の「鉄婚式」を迎えた次女夫婦には、嫁入りのときに準備した洗濯機の使い勝手がよくないというので、それを私が引き取り、新しく全自動で乾燥も速くできる洗濯機を贈りました。鉄が使われている洗濯機とのこじつけです。

これからも本人たちの希望を聞き入れながら、銅、電気器具、陶器、錫《すず》、鋼鉄、絹、レース、象牙、水晶、磁器などの製品をプレゼントできることが幸せ。ずっと続けることができたら……と祈る思いでいます。

「賀寿」は、長寿のお祝い。室町時代から始まり、江戸時代に一般化したようです。当時は平均寿命が短かったので、四十歳から十年ごとにお祝いしていました。数え年で六十一歳まで生きるのは長生きでしたから、還暦が三大祝儀の一つだったのですが、みんな長生きになったいまでは、賀寿は還暦から始まります。

「還暦」（数え年六十一歳）は、生まれた年の干支に「還る」こと。赤ちゃんに還るという意味で、赤いちゃんちゃんこに赤頭巾をかぶり、赤い座布団に座る習慣もあります。古稀（数え年七十歳）は唐の詩人、杜甫が「人生七十古来稀」と七十歳まで生きるのは稀《まれ》だと詠んだことに由来します。現在では現役から引退し、後継者に譲る時期という「区切り」として長寿のお祝いをする場合も少なくありません。その後、「喜寿」（数え年七十七歳）、「傘寿《さんじゅ》」（数え年八十歳）、「米寿」（数え年八十八歳）、「卒寿」（数え年九十歳）、「白寿」（数え年九十九歳）、「百賀」（数え年百歳）と続き、百一歳は百一賀の祝い、百二歳は百二賀の祝いと増えていきます。

主人と私も還暦を過ぎました。主人のときは、私と子どもたちが自宅でサプライズパーティーを開き、赤いゴルフ用のベストと赤をテーマにしたシュガーケーキをプレゼントしました。私のときはやはり家族が赤いマフラーをくれました。主人の古稀のお祝いは、名古屋の娘夫婦の家でバーベキューパーティーをして、プレゼントはハワイで買った電気ウクレレ。それを弾《ひ》きながら、主人はみんなにハワイアンソングのお返しです。

「白寿のお祝い」で思い出すのは、主人の祖父、江崎グリコの創業者である江崎利一が、予定していたお祝いを前にして逝ってしまったこと。祝宴の準備もして、もっと長生きしてほしいと願っていたので、とても残念に感じたことをよく憶えています。

クリスマス

　クリスマスというと、外で食事をする人も多いようですが、我が家は必ず家で、主人の母と私たち夫婦、子ども三人の計六人でテーブルを囲みました。スープと添え野菜がたっぷりの鶏料理と、グリーンのサラダ菜に赤いトマトやラディッシュ、赤い海老をちりばめたクリスマスカラーのサラダ。クリスマスケーキは、当時バースデーケーキをよく注文していた近所のケーキ屋さんから買っていました。子どもたちが少し大きくなると、一緒にケーキを作ったり、食事を作る手伝いをしてくれたり。

　そもそも、十二月二十五日はイエス・キリストの誕生日。「降誕祭」とも言います。欧米では、二十四日のイブや二十五日に教会でミサが行われて、キリスト教徒はミサに参加してお祈りします。その後は、家族や親族が集まってクリスマスツリーの下に飾っておいたプレゼントを開けたり、カードを見せ合ったりして楽しみ、みんなで食事をします。アメリカ人の知人も、毎年、七面鳥や鶏のお腹に詰め物をしてオーブンで丸焼きにして、プディングを添えて家族全員で食べるのだとか。クリスマスは本来、キリストの誕生を、家族でお祝いするものなのです。

家族で食事をして、キリストの誕生日も家族の誕生日と同じようにお祝いできたことは、子どもたちの情操教育において本当によいことだったと思います。

私が仕事を始めてからは、年末年始は家事をしないですむようにと、家族で暖かいオーストラリアに行き、クリスマスとお正月を楽しむようになりました。オーストラリアでは（イギリスなども同じようですが）二十六日は「ボクシング・デー」といって、教会が箱（box）を設置して寄付を募り、クリスマス翌日に箱を開けて貧しい人たちに配ったことから、もらったプレゼントを開けながら家族と静かに過ごす日とされています。そのため、二十五日、二十六日とほどんどのお店やスーパーマーケット、レストランはお休みになるので、初めてオーストラリアに行ったとき、それを知らなかった私たちは、食料を求めて駆けずり回りました（最近はバーゲンセールが行われる地域も多いそうです）。子どもたちが結婚して、お正月に我が家に集まるようになってからは、クリスマスは主人と二人でハワイに行って静かに過ごしています。

クリスマスといえば、欠かせないのはクリスマスツリーですね。子どもが小さい頃のクリスマスツリーは、子どもが椅子にのって飾り付けができる高さのものでした。まずツリーのてっぺんに金色の星を付けて、小さな電球と銀色のキラキラしたモールをぐるぐると巻き付けます。次に金、銀、赤や緑のガラスのボールを吊り下げると露が光っているようで、子どもたちは「きれい！」と大喜び。ここまでは大人の仕事です。次は赤や緑の長ぐつ、ステッキ、サンタクロースなどのお飾りを子どもたちが付けていきます。幼稚園で作ってきた紙の雪だるまやソリ、トナカイ、ボックスなども吊り下げて、手作り感たっぷり。そしてサンタクロースがプレゼントを持って来てくれるまであと何日……と、子どもたちは心待ちにするのです。

サンタクロースとは、子どもたちを守る聖人「聖ニコラウス」のこと。オランダ語で「シンタークラウス」と言い、それが訛《なま》って「サンタクロース」と呼ばれるようになったそうです。

先日、上の娘に聞きますと、長い間サンタクロースがクリスマスにプレゼントを持って来てくれると信じていたそうです。それがお父さまだとわかったとき、お兄ちゃまに「ゆりちゃん（下の娘）は、まだサンタクロースがいるって信じているから言ったらダメだョ」と釘を刺されたと、笑って言っていました。

ちなみに、ツリーの飾り付けが素敵だと思う場所は、大阪・梅田のホテル「ザ・リッツ・カールトン大阪」です。ショービジネスの国、アメリカのホテルですから、魅せるのが本当に上手。廊下やロビーなどあらゆるところに上品なイルミネーションが飾ってあって、夢のようなロマンティックな空間です。飾り付けの参考にしたいなぁといつも思います。

芦屋の街もこの時期になると、各ご家庭が競うかのように家や庭を飾りたてて、それはそれは煌びやかに輝きます。車を止めて見る人もいるくらい。私が芦屋で開いているシュガーデコレーションケーキのお店も、十二月に入ると店の前に植えられた大きなコニファーの木に、クレーン車を使ってイルミネーションを飾り付けます。夜になると暗い空に光り輝いて、とってもきれい（口絵写真）。店の中にも大きなクリスマスツリーを置き、毎年ブルー、ピンク、白、ゴールド、シルバーとデコレーションの色を変えて楽しんでいます。これらの美しくて上品な飾りは、アメリカやパリに行くたびに買っていて、いまではかなりの数になっています。日本では売っていないので海外まで行って買ったのですが、あるとき、みんなメイド・イン・ジャパンと書かれているのに気付き、拍子抜けしました。

クリスマスは新しいデザインのシュガーケーキを販売するので仕事も大忙しです。シュガーケーキは日持ちしますので、十二月に入ったらすぐに飾っておくと、クリスマスらしいインテリアにもなっていいですよ。私たちが心を込めて作ったシュガーケーキを、クリスマスに家族で囲んでくださっている光景を想像しますと、ほんとうに嬉しく誇りに思います。

2

芦屋での暮らし

個人住宅の敷地は400㎡以上。

*

買い物はいかりスーパーと大丸芦屋店で。

*

大型犬を飼うことは最高の贅沢です。

*

月に2回のテニスは有意義な時間でした。

芦屋の街並み

芦屋で育ち、一時期、私の通っていた大学がある神戸市や、西宮市にも住みましたが、再び芦屋に戻り住んで三十年が経ちます。先日、二〇一二年度の関西圏の「住んでみたい街」ランキングで、芦屋が八年連続トップを獲得したという新聞記事を読みました。相変わらずの人気の高さに驚いています。

芦屋市の中でも人気があるのは、JR芦屋駅前で交通や買い物の利便性がいい船戸町や大原町、芦屋駅から少し山を登った山芦屋町、山手町、東芦屋町あたりでしょうか。「芦有《ろゆう》道路」という有料道路を利用しないと家に帰れない奥池町・奥池南町には、著名な方も住んでいらっしゃいます。奥池に行くには片道四百円かかりますが、住民も払わなければならず、定期券もあるようです。

それから、北東端部の山麓にある六麓荘町《ろくろくそうちょう》。みなさんがイメージされる「芦屋」はおそらくこの町ではないかしら。ここは一九二八（昭和三）年、「東洋一の別荘地」を目指して、香港島の高級住宅街をお手本に開発が始まりました。商業施設はもちろん信号も置かず、電線や電話線は地下に埋めて、景観を大切にしたまちづくりが進められたそうです。最近は電力の需要が多くなり、電線が一部地上に出ているところもありますが、住んでいる人たちの意識も高く、六麓荘町町内会という自治組織が、有限会社を作って道路を所有・管理し、建築協定の運営などを行っています。

ですから、街並みがとても優雅。なだらかな坂に沿って落ち着いたデザインのお宅がゆったりと並んでいます。建築協定によると、敷地面積が四百平方メートル以上の土地に、個人の一戸建て住宅しか建築することができないとか。東京の田園調布の制限が百六十五平方メートル以上と聞きますから、実に倍以上の制限があることになります。建物の高さも十メートル以下と決められていますし、屋根や壁面の決まりも細かく、たとえば、色彩には「赤、橙系の色相を使用する場合は、彩度四以下」などという項目もあるほどです。

植栽がとても豊かなのも印象的です。この地域は基礎工事の際に石や岩がゴロゴロ出てくるので、多くのお宅ではそれらを垣根に利用しています。ただ、原則として塀が禁止のため、それを土台に生け垣を造るスタイルが主流のようです。

六麓荘に限らず、芦屋ではどこのお宅もお庭や植栽の手入れが行き届いていて、背後にそびえる六甲山と見事に調和しています。でも、この手入れがとても大変。我が家も二十年来、馴染みの植木屋さんにお願いしていますが、年に三～四回、数日ずつ

入ってもらわないときれいな状態を保つことができません。自分たちの思い通りにいかないことも多く、知り合いの奥さまなどは、

「先日、街全体の美観に合わないからと、植木屋さんに大切に育てていたお茶花を抜かれてしまって……。『植物に対する愛情がない』とお説教してしまいましたよ」

とおっしゃっていました。たくさんお花があるお庭だと、お水を撒《ま》くために植木屋さんに週に数回通ってもらう場合も。なかなか苦労も多いのです。

一方、阪神芦屋駅の南、海側へ行くと、緑いっぱいの大きな公園があり、阪神・淡路大震災以降に建てられた住宅地が広がっています。夜景の見える海岸もなかなかロマンティック。家族の夢や希望が詰まった、活力あふれる新しい街並みもまた、芦屋の魅力です。自治体はもちろん、住んでいる人たちの努力もあって、芦屋は京都や田園調布と並び称される美しい街なのでしょう。

ですが、海外に行きますと、居住地に対する住民の意識がもっと高いことに驚かされます。四十年以上、ロサンゼルス郊外に住む日本人の知人によると、アメリカの中・高級住宅街では、家の庭の芝生が伸びていると「早く刈ってください」、家の外壁が少し汚れると「塗り直してください」と近所の人に言われるとか。家の財産価値を保つために、自分の家だけでなく街全体を美しくしておくことに心を配るそうです。

アメリカでは、景観に関する条例や法律が日本より厳しく設けられています。州にもよるのかもしれませんが、持ち主が住んでいない家は不動産業者や管理人に定期的に見てもらって家をきれいに保たなければなりませんし、景観に統一性を持たせるため、家の外部を改装する場合などは、とてつもない手間と時間がかかります。以前、私たちのハワイの家のリビングにある出入り口のドアの下から、庭のスプリンクラーの水が室内に入ってきてしまうのでふつうの窓にしようとしたら、許可が出たのはなんと一年後。理事会議にかけられた結果、外壁に現在と同じ石を使って、外観をそれまでと同じように保てるならよろしいとお許しをいただいたのです。大工さんが同じ石を探して工事をするのに半年、合計一年半かかりました。

ヨーロッパでも周囲との調和が重視されていて、自分の家でも自由にデザインができない地域が多いそうです。一見、不自由な気もしますが、欧米の住宅街を歩くととても美しく、気持ちがいいのです。整然としていて上品で、窓や庭もきれいに飾られています。飛行機の着陸間際に、上空から街並みを見ますと、同じ色、材質の屋根や壁の家が並んでいて、住民がみんな協力して景観を保っているのがよくわかります。自分の家だけを考えるのではなく、地域全体の美観を念頭に置いて、きれいにすることが、気持ちのよい暮らしにつながるのではないでしょうか。

芦屋の生活

六甲山地の麓にある芦屋は、南北に細長い小さな街です。高級住宅地のイメージが強いのですが、実は自然にもとても恵まれています。六甲山へのハイキングコースの入り口なので、登山の格好をした方もよく見かけますし、芦屋市の中央を南北に流れる芦屋川（口絵写真）は、川辺の緑が豊かで、春になると桜並木が美しく、住民の憩いの場になっています。

公園や並木道も多く、とくに気候のよい時期には、たくさんの人が散歩しているのを見受けます。近頃は犬を連れている人が増えました。小さなプードルやテリア、ダックスフンドなどなど。私も、父が大の犬好きでしたので、娘時代はよく散歩をさせていました。柴犬やスピッツ、秋田犬など、犬のいない時期がなかったほどです。そんなことを思い出して微笑ましく見ていますが、時折、コリーやゴールデン・レトリバー、ダルメシアンなどの大型犬を見かけるとため息が出ます。

だって、大型犬を飼うことは「最高の贅沢！」だと思いませんか。食費や訓練士などお金がかかりますし、広い庭も必要です。力も強いですから飼い主が健康でなければば世話もできないでしょう。金銭面はもちろん、時間的、精神的にも余裕がないと飼えないと思うのです。

我が家も子どもたちが小さい頃は、「お子さんの遊び相手に」と友人から譲り受けたジャーマン・シェパードがいましたが、料理教室を開いていますと衛生面であまりよくはありませんし、子どもと孫の世話で精いっぱいですので、いまは飼っていませんん。ですから、ときどき見受ける優雅に二匹のボルゾイを連れた方などは、芦屋の街並みや周りのショップに溶け込んで絵のように美しく憧れてしまいます。

街のカフェには「ママ友」なのでしょうか、おしゃれな若い女性たちがよく集まっています。子どもたちの学校やランチをするレストラン、お洋服屋さんの情報交換でもしているのかしら、とても楽しそう。芦屋にはこうしたカフェやレストランが点在しています。いまや全国区の洋菓子店「アンリ・シャルパンティエ」も、芦屋マダムがよく利用することから有名になりました。

だからといって、ゴージャスな人ばかりが歩いているわけではありません。以前、雑誌に「芦屋マダムは、毛皮のコートを着ていかりスーパーマーケットに買い物に行く」というような記事が載っていて驚いてしまいました。みなさん、ジーンズなどカジュアルな服装ですよ。白いブラウスなど清楚なアイテムを取り入れて、清潔感のある装いをなさっています。

こうして住民が快適に暮らせるのは、行政の力も大きいと思います。芦屋市では二〇〇七年に「市民マナー条例」を制定して、公共の場所での歩行喫煙、たばこの吸い殻ポイ捨て、犬のふんの放置などを禁止し、罰金を科しました。前は夏の風物詩だった芦屋川でのバーベキューも禁止になり、それは少しさみしいですが、「清潔で安全・快適なまち」づくりのためには仕方がないことです。

文化支援事業や健康支援事業にも積極的です。JR芦屋駅の近く、芦屋川沿いに市民センターがありますが、先日、ここの一室で孫娘の英語劇の発表会が催されたので、久しぶりに訪れました。始まるまで少し時間がありましたので、受付に置かれているパンフレットを見ていたところ、「芦屋川カレッジ」と書かれたものが目に止まりました。芦屋川カレッジとは、六十歳以上の方が通う市民大学のことです。

数年前、長年の親友のご主人が六十歳で仕事をリタイアしました。これからの長い人生、親友は家にいるご主人と二人で仲良く生活していけるのかしら、と心配になりましたので、しばらく経った頃に伺ってみましたら、

「主人は毎日のように出かけて、とても忙しくしていますよ」

とのお返事。芦屋川カレッジに通い、そこでできたお友だちと同好会を作って、趣

味を楽しんだり、人の世話をしたりしているというのです。

このときの話を思い出してパンフレットを読んでみますと、カレッジでは週に一回で一年間、時事問題や歴史、音楽、文学などの講座が開かれます。修了すると「芦屋川カレッジ大学院」に進むこともできるそう。すでに三十年の歴史があり、卒業生は七百〜八百人いらっしゃって、親友のご主人のように同好会を作って活動を続ける方も多いとか。古典芸能鑑賞会や歴史探訪、美術館めぐり、ハイキング、パソコン、写真、絵画、ゴルフ、囲碁、料理など、たくさんの同好会があるそうです。

また、二〇一〇年に完成した「保健福祉センター」には、障がいのある人がリハビリをする部屋や、高齢者が充実した生活を送れるようにサポートする施設があります。見学に訪れましたら、とても和やかな雰囲気で、年配の方々が元気にエクササイズをしていらっしゃったのが印象的でした。ほかに、温泉が湧く「あしや温泉」や子育て支援センターも併設されていて、老若男女が集える場になっています。

親友のご主人の話を聞いたとき、「もし私があるいは主人が仕事を辞めたらどのような暮らしになるのかしら？」と少し不安に思ったりもしました。でも、こうした事業のことを知り、安心するとともに、改めて芦屋の住みやすさを感じたものです。

朝食

朝食は私にとって貴重な時間。平日ですと、主人が出かけた後、朝刊を読みながら一時間ほどかけてゆっくりといただいています。教養を身に付け、話題を豊富に持つためには、情報収集が欠かせませんので新聞は二種類購読しています。

焼き菓子が好きなので、手作りのマフィンやスコーン、いただきもののクッキーやフルーツケーキを食べることもあります。夏や冬はサンルームで。夏は風通しがよく、冬は暖かな陽の光がさんさんと降り注ぐサンルームは、朝になると新鮮な空気に満たされていて、とても気持ちがいいのです。

週末の朝、近頃ですと主人は私より三十分ほど早く起きて、パン、コーヒー、ヨーグルト、フルーツなどを準備し、テレビをつけて新聞を読みながら一人で朝食を楽しんでいる様子。家族で食事をするときはテレビを見ませんが、自分だけなので朝の時間を有意義に使っているようです。

朝食ではカルシウムをしっかり摂ることを心がけています。カルシウムが不足すると、イライラしてしまうので精神的によくありません。それに、年を重ねるごとにカルシウムが減って骨粗鬆症《こつそしょうしょう》になりやすいと言います。女性はとくに多いそうですね。

というのも、以前、知人の女性がひざの骨を折りまして、怪我から三～四ヵ月経ってから会ったところ、驚いたことにまだ松葉杖をついていました。仕事に使う大きな荷物を、松葉杖をつきながら懸命に運ぶ姿。もうすっかり治って元気に歩いていると ばかり思っていましたので、とてもショックでした。結局、彼女は完全に治るまでに半年近くかかったそうです。これが自分自身だったら……日々の生活が不便ですし、人に迷惑をかけます。長引けば仕事を失うことにもなりかねません。

一日のカルシウム所要量は、私の年齢で五百五十～六百五十ミリグラムです。そこで自分が一日にどのくらいカルシウムを摂取しているか計算してみました。その数字を見てびっくり。乳製品をほとんど食べていないからか、百ミリグラムにも満たなかったのです。「このままではいつ骨折してもおかしくないわね」と、それからは積極的にカルシウムを摂取しています。グリコ乳業の「朝食プロバイオティクスヨーグルト」二百グラムに脱脂粉乳大さじ二を振りかけると、カルシウムは四百ミリグラム。これを毎朝食べて、あとは小魚や海藻などで補っています。

ビタミンCをたっぷり摂ることも大切。昔からよく「朝の果物は金。昼の果物は銀。夕の果物は銅」と言われていて、朝に摂るビタミンは吸収がよく、疲労回復や風邪の予防に効果があるのです。なにより、肌が美しくなると言われていますから、毎朝の柑橘類は欠かせません。冬の間は「温州みかん」、二〜四月は「デコポン（不知火《しらぬい》）」や「せとか」、その後は「清見」などを楽しんで、初夏には「甘夏みかん」「日向夏《ひゅうがなつ》（ニューサマーオレンジ）」などをいただきます。日本の柑橘類が端境期に入ったときは、輸入物のグレープフルーツ。私は色も固さも味もしっかりとしたルビーが大好きです。柑橘類のほかにも、旬の果物をたくさんいただきます。

　飲み物は、以前はコーヒーでしたが、空っぽの胃には少々強すぎるので紅茶を飲むようになりました。イタリアの「リチャード ジノリ社」の白いマグカップに、濃い目の紅茶を淹れて、たっぷりのミルクまたは軽いクリームを注ぎます。茶葉は「アッサム」「ウバ」「ディンブラ」などが好き。香りを大切にしたいので、たくさん買い置きはしません。残り少なくなったら、芦屋の「Uf-fu（ウーフ）」、西宮阪急百貨店の「ティーコート西宮」などの紅茶専門店で量り売りをしてもらいます。この二つのお店は店内で飲むこともできますので、買い物の後にひと休みするのも楽しみです。

　子どもたちがいた頃は、とてもあわただしい朝でした。子どもたちのお弁当と朝食を作りながら、会食が多くて野菜が不足しがちな主人のために野菜ジュースを用意します。主人の嫌いな野菜は、ニンジン、パセリ、セロリなど、なぜか栄養たっぷりなものばかり。それらをジューサーにかけ、大きなコップに入れて無理やり飲んでもらいました。子どもたちにも、少しでも野菜を食べさせようと、季節の野菜を細かく刻んで入れた甘さ控えめのベジタブルケーキを焼いたものです。

ベジタブルケーキは、日曜日にはフルーツケーキに代わります。バナナ、イチゴ、ブルーベリーなどを入れると、甘くしっとりとするので子どもたちは大喜び。

ブランチもよくしました。プレーンクレープを作って、ソテーしたリンゴやイチジクをのせたり、そば粉のクレープにはサワークリームソース＆スモークサーモンや、トマトソース＆ソーセージといった具材をのせて巻いたりと、子どもたちと一緒に工夫しながらいただくのが、なかなか楽しいのです。食べながらですと、面と向かっては聞きにくい、子どもたちの関心事や悩みなどを自然に話したりもできました。

子どもが結婚して夫婦二人になってからは、朝食は内面、外面ともに美しく健康に保つために、体と心の栄養を補う時間になりました。これは旅行のときも同じ。海外では、日曜日になるといろいろなホテルで「サンデーブランチビュッフェ」が催されます。予約が必要なので、いろいろ調べて行くようにしています。とくにリッツ・カールトンのグループホテルは、盛り付けが見事でパンが美味しく、ゆったりと快適な空間も素晴らしいのでお気に入りです。

夕食

夫婦二人の夕食は、子どもがいた頃よりも少し遅め。仕事を終えて夕食の買い物をして、作り始めるのは七時前からでしょうか。主人の帰宅は七時半過ぎですので、食事は八時頃から始めます。

メニューは和風と洋風が交互で、ときどき中華風やエスニック風が食卓にのぼります。最近はすっかり魚党で、野菜をたっぷり使った料理を作るようにしています。

会社から帰って着替えをすませた主人がキッチンに入ってくると、「今日は和風かな、洋風かな?」と聞いてくれます。そして「何を飲む?」というのが、お決まりのパターン。たとえばイタリア風のお料理なら、「今日のメインは『アクアパッツァ』。ロゼのシャンパーニュをいただきたいなぁ」などと私が答えますと、主人はダイニングテーブルの上にランチョンマットを二つ敷いて、スプーン、ナイフ、フォークを並べます。丸ごとのお魚の場合はお箸のほうが食べやすいですから、お箸も一緒に。そして地下のワインセラーからシャンパーニュを持ってきて、シャンパングラスを用意。主人はアルコール類を飲みませんので、ノンアルコールビールのためのグラスもセットされます。

夕食のテーブルセッティングをスムーズにするためには、主人の協力が欠かせません。さっと迷わず用意してもらえるように、ランチョンマットとナイフ、フォークなどの組み合わせを決めています。和風なら表面が赤、裏面が黒の塗りでリバーシブルの折敷《おしき》がお箸とのセットです。そうしておくと、何を出したらいいかといちいち聞かれることもありません。

「アクアパッツァ」がメインディッシュのときは、前菜は「カプレーゼ」と「貝類のサラダ」、そしてパン。休日でしたらピザを焼いたりもします。作る時間がないときは、「大丸芦屋店」の中のお惣菜屋さんでサラダを買ったり、「いかりスーパーマーケット」でオードブルの盛り合わせを買ってきたりして、前菜として並べることもあります。メインは必ず作りますが、無理をせず、市販のものを上手く利用するのも主婦の知恵ですね。

食後の後片付けは二人でします。食器を食器洗浄機に入れ、お鍋を洗うのは主人の役目。これは結婚してからずっと変わりません。口には出しませんが、私が料理をしていることに、感謝してくれているからだろうなぁ、と思っています。おおむね片付きますと、ソファに座ってデザートを食べながらテレビを見ますが、時計を見るとだいたい十時頃。準備を含めると、毎晩夕食に三時間近くかけていることになります。

平日のうち、主人が家で食事をするのは平均して週に三日くらい。土、日はたまに接待ゴルフや出張がありますが、それ以外はほとんど家にいてくれますので、一日は外食、一日は家でと決めています。

最近、とりわけ楽しみにしている夕食が、月に二〜三度ほどあります。それは娘たちが孫娘を家に連れて来る日。大勢の食事を作るのは大変でしょう、と家族が気遣ってくれて、外で食事をすることもありますが、小さな孫たちは、走り回ったり遊んだりすることができなくてかわいそう。我が家なら、食事が終われば自由に動き回れますし、おもちゃで存分に遊ぶこともできますので、娘に手伝ってもらいながら、できるだけ家で食事をするようにしています。

子ども用のお料理は、大人の料理と途中まで同じ工程で作り、味付けの段階で分けて塩分を控えて薄味にするなどと、うまく手間を省くよう工夫しています。ランチョンマットなどのテーブルウェアは大人と同じもの。子ども用の椅子は三十年以上前に買った、岐阜の「柏木工」で製造された木製のものですが、手入れをして、いまもきれいな状態です。

振り返りますと、お料理は本当に一生懸命作ってきました。愛情を込めて、栄養バランスを考えながら、美味しい家族の食事作りを続けて四十年以上。そのうち二十二年間は、子どもたちのお弁当もありましたから、我ながらがんばりました！

私にとって毎日の食事作りは、家族への愛情表現のひとつ。子どもたちが栄養をつけて健康に育ってほしいと、いつも願っていました。もちろんいまも、主人に健康で元気に過ごしてほしいと思いながら作っています。私が一日忙しくて疲れていたり、体の調子がよくなかったりしても、また、夕食はいらないと言っていたのに、「家で食事をする」などと主人から急に連絡が入ったときも、イヤな顔をせずに喜んで用意します。それは自分のためでもあるのです。

どういうことかと言いますと、私は主人を頼りに生きていますから、いつまでも健康で長生きをしてもらわなければなりません。そして、だんなさまにはずーっと家庭のほうを向いていてほしいのです。お料理の腕というものは、ありがたいことに妻の味方になってくれます。もちろん、女性として新婚当時のような新鮮さや若さを保つ努力は必要です。でも、どうしても自然には逆らえませんので、お料理の腕を磨くことで、家で美味しい手料理を食べたいからと早く帰ってきてくれるようになるのです。家が一番居心地のよい場所だと思ってもらうことが、妻にとって幸せなことですから。

外食

「今日はどこにしようか」

平均して週に一回ほどの夫婦揃っての外食は、思い立って出かけることがほとんど。そんなときに重宝しているのが『知っておきたい素敵なレストラン』という一枚の紙です。それは芦屋市の東山町にある「ワインハウスセンチュリー」（口絵写真）の総支配人が、お酒を卸しているお店のうち、とりわけおすすめのところを取り上げて、店名、住所、電話番号、休日、コメントを書いて表にしているものです。実は、ここのオーナーは私の中学・高校の同級生。私にワインアドバイザーの資格を取るように勧めてくれた人でもあり、ワインの知識はもちろん、お料理との相性についてもよく研究されていますから、とても信頼できるお店なのです。

記念日など、特別な催しのときは『ミシュランガイド』や『ザガットサーベイ』といったレストランガイドを参考にしますが、夫婦二人とか、週末の子どもたち家族との食事では、まずこの表をチェックします。ガイドブックには載っていない、芦屋の美味しいお店を発見することができて、なかなか楽しいのです。出かけたお店は、表に◎○△×印を書き込んで、自分たちでもランクをつけています。もうステーキハウスとバー以外はほとんど行ったかしら。和食なら「京料理 たか木」、フランス料理は「芦屋フレンチ 北じま」、イタリア料理は「リストランテ ラッフィナート」などがお気に入り。芦屋の方々にも人気のお店です。

お店選びの基準は人によってそれぞれだと思いますが、私たちは次の四つをチェックしています。

まず、絶対にはずせないのは「禁煙かどうか」です。タバコの臭《にお》いは耐えられません。分煙でしたらまだ耐えられますが、カウンターで隣の席の人に吸われた場合は、もう二度と来ることはないでしょう。本当に美味しい店は、そしてお料理を大切にしている料理人は、お客さんにタバコを吸わせません。タバコはお料理の香りや味、清潔さをすべて台無しにしてしまうからです。

それから、「清潔かどうか」。日本料理のお店や寿司屋に多いのですが、床、椅子、座布団などがうす汚れていたり、折敷の角がきれいになっていなかったり……。回転寿司では、お寿司がむき出しの状態でお客さんの前を回っているそうですね。それを知ったときは驚愕しました。回転寿司チェーンの「無添くら寿司」では、三億円をかけてすべてのお寿司にプラスチックのカバーをつけたと聞きましたが、そのくらい衛生に対する配慮が必要なのではないでしょうか。洋風の店でも、シェフのエプロンが汚れていることがあります。清潔な店だから味もよいとは限りませんが、美味しく、また目にも美しいお料理を出すお店は、きれいに掃除され、清潔なものです。店内が清潔でないと、キッチンを想像してしまい食欲がなくなります。

その二つがクリアされて初めて、「味がよいか」です。繰り返しますが、味がよくていいお料理を出すお店は、禁煙で清潔なところが多いもの。それに、味覚はとても個人的なことだと思うのです。もちろん、ある程度のレベルに達していることが大前提ですが、それ以上は素材も味も好みによって評価が分かれるのではないでしょうか。

ですから私は、塩加減やコクが口に合わない場合は、「許せる範囲内で塩辛い」（関西で生まれ育った私は塩辛いものにはとくに弱いので）とか、旨みがあまり感じられないものは、「許容範囲だけれども、あっさりしている」などと表現するようにしています。それでも充分美味しいと感じる人がいるかもしれませんし、個人的見解で「美味しくない」とは言えないと思うからです。

最後に「サービス」。サービスはさりげないほうが好きで、落ち着きます。最近、よく行くミシュランの一つ星のお店は、美味しいですし、個室があるので孫を連れて行けるところがよいのですが、問題は丁寧すぎること。とくに帰るとき、オーナーの板前さんとおかみさんが、店の外まで出て揃って挨拶をしてくれます。すぐに店に戻ってくださってよいのに、私たちが料理屋さんの斜め向かいにある駐車場に行って、駐車料金を精算し、子どもをチャイルドシートに乗せ、ベルトを締めても……まだ立ってこちらを見ているのです。急いで車を発進させ、二人の前で一旦止まって挨拶をしないといけないわ、といつも慌ててしまいます。食事中もおかみさんの「すみません」「ありがとうございます」が多く、いいお店なのですが、だんだん行くのがおっくうになってきてしまいました。

一方、「京料理 たか木」は客との距離の取り方が絶妙で、お店の方は必要以上に話しませんが、お料理を出すタイミングがよく、気配りも行き届いていて、気兼ねなく食事が楽しめます。もちろん、お料理も創意に満ちた素晴らしいものばかりで、ご主人の情熱を感じます。

さて、ここで外食をするときに私が心がけていることを少しお話ししましょう。

まず、お寿司屋さんの職人用語は使わないようにしています。ご飯のことを意味する「シャリ」の語源は「舎利」。遺骨や死骸を意味するサンスクリット語の「śarīra」からきているそうです。ご飯が、遺体を火葬した後に残る粒状の骨と似ていることから、シャリと呼ばれるようになりました。それを知ると、あまり気持ちのいいものではありませんね。そのほかにも、すし種の「ネタ」、わさびの「サビ」、きゅうり巻きの「カッパ」などの職人用語は、職人さんが仕事の効率上、略して使う符丁ですから、私たちが使うのは相応《ふさわ》しくありません。間違っても、帰るときに「オアイソしてちょうだい」とおっしゃらないで。「お愛想」は本来、店側が「愛想がなくて申し訳ありません」と言いながら、お客さんに勘定書を示した言葉ですので、「こんな店は愛想が尽きたから、精算してください」という意味になってしまいます。

それに、最近は女性でも、にぎり寿司を手でつまんでいる人を見受けますが、ぜひともお箸で食べていただきたいところ。サンドイッチなどと違って、生の魚をいただくわけですから、指が生臭くなります。おしぼりで拭いても、臭いはなかなか取れません。帰り際に、その指を使って身繕いするのはいかがなものでしょう。

また、外食時には、バッグハンガーを必ず持っていきます。最近はバッグを置くための小さな椅子やカゴを用意してくれるところもありますが、ない場合は、テーブルにバッグハンガーをつけてバッグをかけています。ほうじ茶かハーブティーのティーバッグも欠かせません。夜にカフェイン入りのお茶を飲むと寝つけなくなってしまうので、コーヒーや緑茶しかない場合にいただくのです。それから、割り箸。あろうことか料理屋さんの中には、木のお箸を使いまわしているところがあります。木製のものは熱湯消毒しないと菌が残ったり、カビが生えたりと不衛生ですから、万が一のことを考えて割り箸を用意します。木製スプーン、竹の盃なども家族以外が使う場合は、使い捨てにしたほうがいいでしょう。塗りのものでも、はげているものは同様です。

そして、主人と二人のディナーで心がけているのは、おしゃれ。特別な日はもちろんですが、ふだんの日でも、女性らしく柔らかい布地の服、セーターなら光りものが付いた華やかなものを着て、さりげないアクセサリーをつけます。

欠かせないのは話題。日頃から新聞、テレビ、雑誌などを見て、常に二つ三つ話題を用意しておきます。その話題がきっかけとなって話が弾むと、その会話がエッセンスとなって、お料理がよりいっそう美味しく感じられるのです。そして、「美恵子をまたいいレストランに連れて行ってあげよう」と思ってもらえると大成功！

買い物〜日用品〜

「時間のムダは命を削る」

私の人生哲学のひとつです。私にとって「時間」と「命」は同義語。ムダな時間を過ごしてしまうと、そのぶん、命を軽んじてしまったんだわ、と後悔します。

それでも、専業主婦だった頃は自由になる時間があったからまだよかったのですが、仕事を始めてからというもの、本当に時間がなくなりました。私だけ一日が少し短いのではないかしら、と思うくらいです。ですから、何事にも効率を考えて行動するようにしています。

買い物もそのひとつ。とくに、定期的に買い足さないといけない日用品は、なくなるごとに買いに行ったり、買い忘れて何度も足を運んだりしていては、時間がもったいない。極力、ムダを少なくするよう心がけています。

それにはまず、「ノートに書き出す」ことです。私は仕事を始めた頃から、「買い物手帳」をハンドバッグに入れています。A6サイズのルーズリーフ式横書きの「KOKUYO Campus」で、この「買い物手帳」に必要なものを書き出していきます。

ルーズリーフ式ですから、買い終わったページは破って捨てると軽くなるので便利ですよ。

仕事や家事でもノートを使いますが、それはかわいいパステルピンクのものにしています。買い物は苦になりませんが、やらなければならない「仕事」は少しでも楽しく、気持ちよくこなしたいからです。

買い物手帳には、まずお店の名前を書きます。「コープ」「コープデイズ」「サーバ（ドラッグストア）」「コーナン」「東急ハンズ」「デパート（髙島屋、大丸、阪急、三越など）」「ヨドバシカメラ」「堀萬昭堂《ほりまんしょうどう》（芦屋の文房具店）」「ジュンク堂」「アクタス（インテリアショップ）」と、よく行くお店だけでも、ざっと挙げて十店はありますね。そこに、それぞれのお店で購入する品物と数を書き入れます。たとえば、「東急ハンズ／白おしぼり×10、メジャー、温度計、ハブラシ×6」といった具合に。

ありがたいことに、我が家のユーティリティ（家事室）は勝手口のすぐそばで、ゆっくり家事ができるようにと五畳強の広さがあります。ここに大きな洗濯機と乾燥機、下洗い用のシンクがあり、アイロン台なども置いていて、洗剤や掃除用品、電球、電池、ガムテープなども、ここの収納棚に納めています。

日用品の在庫が少なくなってきたらノートに書きますが、買い足しは原則一個ずつ。

特価セールで安いときは四〜五個ほど買って、ストックします。買い出しに行くのは、だいたい一〜二ヵ月に一度ほどでしょうか。安いときなどになるべくまとめて買うことで、時間と家計の両方の節約になっていますよ。買い物袋の持つ所が手に食い込むほど重くなりますし、ペーパー類は軽くてもかさばりますから、店から車へ、車からユーティリティの棚まで運ぶと、かなりの運動量です。

お店は、値段が安いことは言うまでもありませんが、時間のロスをなくすために、陳列のわかりやすいところがいいですね。

とくによく利用するのは「コーナン」。関西の住民が日常的に利用するホームセンターで、芦屋の近くには二軒のコーナンがあり、どちらも車で二十分ほどで行けます。生活必需品がほとんど揃っていて、お値段も安いので買い物にシビアな関西人も納得。なにより、陳列の工夫がなされているのがいいところです。敷地が広大で雑多なわりに、店員も少ないので迷子になりそうなものですが、入り口の床にコーナーごとの地図案内が書かれていて、何がどちらにあるのか床を見れば一目瞭然なのです。天井にも棚のラインの番号と品名を書いたフダが下がっていて親切。しかも、どの店舗も同じようなレイアウトなので、どこに行ってもだいたい陳列場所の目安がつきます。ムダな動きがないので、とても助かります。

コーナンと正反対なのが、東京や大阪にある有名なクラフトセンター。ここはしょっちゅうレイアウトチェンジをして、行くたびに商品の場所が変わっています。ときには階まですっかり変わっていて、何がどこにあるのかさっぱりわかりません。どうして頻繁にレイアウトを変えるのか、店員に尋ねてみますと、「店内をよりよくするため」だそうです。でも、大きな建物の中で品物を移動させることは、膨大な時間とエネルギー、人件費などの経費がかかることでしょう。いつも場所がわからず、買う物を一つひとつ店員に聞くのが面倒ですし、なにより時間がかかりますので、最近はめっきり足が遠のいています。このクラフトセンターは品揃えがとても豊富で、ほかにはないものも置いてありますので、目的の品を探しながら素敵なものを発見するという、買い物自体を楽しむ場合はいいと思うのですが、「時間をムダにしない」という私の哲学には、残念ながら合いません。

買い物～食料品～

「いかりスーパーマーケット 芦屋店」に「コープデイズ芦屋」、それから大丸芦屋店の「芦屋ダイニング」。私がふだんの食事の材料を買っているお店です。どこも芦屋に住む人々がよく利用しているお店ですが、それぞれ特徴が違いますので、そのときの献立や買うものによって使い分けています。

毎日のように足を運んでいるのが「いかりスーパーマーケット 芦屋店」。関西の高級スーパーマーケットの代表格として有名なようですね。ここは食材が豊富。魚介類が新鮮ですし、野菜も果物もめったにハズレがありません。私の料理教室「プルミエキッチン&スタジオ」から歩いて一分もかからないところにあるので、教室の食材もよく買いに行き、とても重宝しています。

「芦屋ダイニング」は、サラダの専門店や、ホテル・レストランのテナントが入った、大丸芦屋店のデイリーフーズフロアです。少し高級ですが味は確かなお店ばかりですし、ガラスケースにお惣菜が陳列されていて、頼んだ量だけ店員さんが取り出してくれるので、清潔で気持ちいいこともポイント。疲れている日や、時間がなくて料理はできないけれど、家でゆっくり食べたいときは、ここでお惣菜を買ってきて少しアレンジしたり、上等の器に盛り付けたりして、ちょっと工夫して食卓に並べます。

JR芦屋駅前のビルの中にある「コープデイズ芦屋」は、江崎グリコの牛乳やヨーグルト、プッチンプリンなどが並んでいるので、「新製品のお菓子はどれかな?」と、楽しみにしながら出かけています。魚や肉、野菜、果物もリーズナブルなお値段でよいものがありますし、缶詰や調味料、乾物類もよくここで買いますよ。

お店を選ぶうえで大切なのは、なんといっても衛生的なこと。たとえばお惣菜なら、カバーがなかったり、付いていても開けたままで、むき出しに置いていたりするものは、とても衛生的とはいえません。セルフサービスのパン売り場もどうなのかしら。低い位置に棚がある場合、子どもがくしゃみをしたり、服の袖や裾がパンに触れたり、髪の毛が落ちたりするのではないかしら。

あるスーパーに、お惣菜や量り売りのものにはホコリ避《よ》けのカバーを付け、パンは袋に入れるように、何度かお願いに行ったのですが、一向に改善される様子がありません。見た目に美味しそうなので残念ですが、お惣菜やパンは他のお店で買うことにしています。

以前は、食材も日用品と同様にまとめ買いをしていました。まだ子どもたちが小さかった頃、友人たちと（いまではママ友ですね）「食料品の買い物を何日ごとにするか？」という話題になったことがあります。毎日、または二日に一度という人が多い中、私は三〜四日に一度でした。当時読んでいた家事の本に、「毎日買い物に行くのは時間のムダ。計画的に献立を作り、まとめて買い物に行くほうが、栄養のバランスも考えやすいですし、余分な物を買わないので節約になり、なおかつ時間が有効に使えます」と書いてありましたので、「なるほど！」と思って実行していたのです。

お弁当を三つ作っていましたが、当時、主人は土、日を除いて週に二日くらいしか家で食事をせず、子どもたちと私だけの夕食も多かったので、献立が立てやすくまとめ買いが比較的容易にできたのでしょう。計画的な献立の例を挙げると、まず買い物に行った日は、鮮度が命のお造りと、メインに肉料理を作ります。それから鯛や平目を昆布〆に、魚の切り身は塩を少々しておくか味噌漬けにしておき、二日目はそれを焼いて、昆布〆と一緒にいただきます。三日目は、日持ちがするスモークサーモンをサラダか前菜に使い、メインは牛肉か豚肉。そして、たっぷり買った野菜と果物は、それぞれの日に割り当てて、お浸しや和えものにしたり、サラダや炒め物、デザートに使ったりします。

調理師専門学校に通っているときは、週五日の食事とお弁当の献立を立てて、日曜日に主人と買い出しに行き、二人とも両手いっぱいの荷物をかかえて帰って来たものです。食材はその日のうちに下ごしらえを全てすませて、冷蔵庫と冷凍庫に整理して納めました。鮮度の高い魚介類を買ってきていますから、それはその日の夕食でいただき、次の日からは計画した献立通りにお弁当と食事を作ります。お造りや生野菜などの生ものや、五日目になって足りないものが出てきたら、学校帰りに大阪のデパ地下で買い物をして帰ったものです。学校でも家でも、毎日が料理作りでした。

いまは、平日に主人が家で食事をするのは週に三~四日です。二人きりですので量も少なく、時間にも少し余裕ができましたので、毎日「今日はどんなお魚が入っているかしら?」「そろそろあの野菜も並んでいるかな?」などと思いながらいそいそと買い物に行き、和風、洋風と片寄らないよう、そして健康によいものを考えて作っています。

週末に子どもたちが来てくれるときは、家族みんなでワイワイと買い物に出かけます。週末の芦屋のスーパーは、私たちと同じような家族連れで賑わっています。

インテリア・掃除

芦屋にいまの家を建てたのは、一九九〇年のことです。それまでの我が家は、三人の子どもを育てやすいよう、ダイニングキッチンやリビングなど、家族が一緒に過ごす空間を広くとった間取りでしたが、子どもが大きくなったこともあって、新築いたしました。

私は家にいるのが大好きで、居心地がよくて快適な部屋にしたいといつも思っています。実は、料理の仕事をする前に、インテリアデザインに興味を持ち、芦屋市内にあったスクール（いまはないようです）に通って勉強していた時期もあるのです。

料理を一生の仕事と決めてからはインテリアの勉強もストップしてしまいましたが、家を建てるときに、それまで勉強した知識を最大限に発揮しようと、部屋のインテリアは自分で選びました。

まず、「フォーマルルーム（サロン）」は、お客さまをお通しする部屋ですから、優雅な造りにしようと思い、ルイ十五世風を意識し、色は白と青でまとめました。スクールで、正式なフォーマルルームは「暖炉がある」「空間を広くとる」「シンメトリカル（左右対称な）」と教わりましたので、かたちだけですが我が家も暖炉を造り、それを中心に左右の壁にブラケット（壁付き照明）を付け、ソファも対称に並べています。

一方、家族が集まる「インフォーマルルーム（ファミリールーム）」は、白とグリーンを基調としたリゾート風。プランツ（植木類）を多くして、またプランツと同じような柄のカーテンやソファを置くとしゃれた雰囲気になると学んだことから、ラタン（籐）やアイアン（鉄材）、石材を取り入れた南欧風の家具に、観葉植物の葉の模様が入った生地のカーテンをコーディネートしています。隣接してサンルームを造りました。

西洋家具はやはり本場のものが一番です。とくにフランスの家具がお気に入りで、パリに行くたびに、南仏プロバンス風の家具を購入しています。発注してから造り、船便で送ってもらうので、届くまで約六ヵ月。アメリカでは、インテリアデザイナーのライセンスを持っている友人に、ライセンス所持者と一緒でしか入れない家具デザインセンターへ連れて行ってもらっています。

外国製の家具で問題なのは修理をどうするか。以前、フランスで購入したソファの生地が破れてしまって本国で直してもらったことがありますが、船便で送って修理し、送り返してもらったら、合計六ヵ月もかかってしまいました。半年も部屋にソファがないなんて……と、日本で対応できる家具屋さんを探したところ、芦屋のとなり、夙《しゅく》川《がわ》にある「家具の富士」で修理が可能だとわかりました。

とてもセンスがよいお店で、以前から小物などを買って親しくしていたのですが、自社の販売品だけだった修理の部門を広げ、どんな家具も引き受けてくれることになったというのです。技術は超一流。私は大喜びで、修理だけでなく、天板を取り外せるフランス製のダイニングテーブルを、ずれないように脚とくっつけてもらったり、家具の色を塗り替えたりと、いろいろとお世話になっています。家具のことならなんでも相談できる頼もしいお店です。

小物やカトラリー類は、阪神芦屋駅から歩いて五分ほどのところにある「ブランド ジュリエ」(口絵写真)でよく購入しています。小物まですべてパリで買ってくるのは難しいと思っていましたら、娘が探してくれました。フレンチアンティークを中心にした、素敵なお店です。私が集めている南仏のシノン地方で作られている白い磁器を置いていますし、ダイニング用のフランス製のシャンデリアもここで買い求めました。あとで知りましたが、ここのお嬢さんは長女の学校の後輩なのだとか。カトラリー類やランプ、ろうそく立てなども同じテイストで揃えられるので、重宝しています。

そのほか、ＪＲ芦屋駅のショッピングエリア内にある「インテリアアート」や「プリマベラ芦屋」などもよく行きますね。芦屋の人たちにも人気のお店です。

そのようにして、好きな家具と小物たちでコーディネートしている我が家ですが、大変なのが掃除。私は、片付いていない部屋、汚れた家にいることが耐えられませんので、掃除はストレス解消法でもあり、嬉々として時間をかけて取り組んでいました。ですが、仕事があって、孫との時間も大切にしたい最近は、いかに掃除にかけるエネルギーと時間の負担を減らすかを考えるようにしています。

第一に、完璧主義にならないこと。以前は、家中チリひとつない状態にしようと張り切っていましたが、いまは汚れの目立つところだけを、さっと掃除するようにしています。でも、洗面所だけは、いつもピカピカを心がけています。水回りはきれいにしたことが一目でわかるので、清潔な状態を保つと精神的にも気持ちがいいからです。

家の中にものを置きすぎないこともポイント。ものが多いと表面積が大きくなり、掃除する範囲も広がります。極端な言い方をしますと、何も置いていない部屋は、天井と壁の埃を払い、床は掃除機を当てて、後は雑巾で拭けばおしまいです。でも、そこに机や箪笥《たんす》があったら、それも掃除をしなければなりません。ものが少ないほど、掃除の手間も減るというわけですね。

ですから、ものは増やさず、必要なもの以外は処分するようにしていますが、仕事柄、どうしても増えてしまうのが食器や調理器具。料理の撮影などでも使いますので、なかなか減らすことができません。お鍋にいたってはコレクターで、ヨーロッパ旅行に行くたびに買ってしまうため、家で使うもの、飾っておくもの、教室で使うものと、合わせて百個はくだりません。

そのため、家を新築するときに、どうしても造りたかったのが「食器庫」です。キッチンに隣接したところに八畳くらいの食器庫を造り、食器や食料品などをたくさん収納できるようにしました。食料品は奥行きの浅い同じ幅の棚を二つ置き、ドアを背に向かって右側の棚には古い食料品、左側の棚には新しいものを入れています。奥行きが深いと、奥のほうが見えず食料品の保存期間が過ぎてしまうこともしばしば。奥行きが浅ければ一目で見ることができますし、右側の古いものから使って、半年ごとに左から右へと移動させればムダにすることもありません。

また、洋服の収納は、持っているものが一目でわかるクローゼットです。以前住んでいた家は、屋根裏部屋が収納スペースになっていて、衣替えのたびに急な階段を上り降りするのが大変でしたので、その中にあるのを忘れて街に出ては同じような新しい洋服を買ってしまっていました。いまは、クローゼットの扉を開けると、洋服が一覧できるので、同じようなものはあまり買わなくなりました。そして、季節の変わり目に服をクリーニングに出す際、来年着るかどうかを考えて、もう着ないと判断したものは、処分しています。袖を通していないものはバザーに出したり、アフリカなどの発展途上国の衣類支援団体に寄付したりします。

私の人生のポリシーのひとつは、身の回りを整理して、ムダのない生活を送ることです。それは、洋服やアクセサリー、食器、食べ物、家具、部屋の飾り、調理用具といった〝かたちのあるもの〟だけでなく、情報や人間関係、趣味、遊びなど、〝かたちのないもの〟も同じ。たくさんのものをすべてよい状態に保つのは、不器用な私にはとうてい無理ですから、私にとって興味のあるもの、価値があるものだけを、必要最小限に持ちたいと思っています。

仕事

専業主婦だった私が、「このままではいけない」と焦りを感じたのは、三十代半ばのことでした。新聞の社会面、家庭欄に「これからの女性は男性を頼ることなく、自立して生きるべき」「専業主婦のままではいけない。社会進出を」などと書かれていたのです。芦屋の奥さま方はいまでも仕事を持っていない人のほうが多く、当時はもちろん周りは専業主婦ばかりでしたが、一番下の子の入学する小学校も決まったことですし、私もそろそろ何かしようかしら、と思っていた矢先のことでした。

主人に相談しますと、「いままでよく頑張ってきたのだから、ゴルフでもしてのんびりしたら？」との返事。労《いたわ》りの言葉であることはわかりますが、「これから先の人生、私にはゴルフしかないの？」と思ってしまいました。

それと同時に、突然世間に放り出されたら、私には一人で生きていくだけの特技や能力がなにひとつないことに気付き、愕然としました。自立できるなにかを身に付けたい……と、悩み考え抜いた結果、そうだ、料理なら私にもできると思い至ったのです。好きなことでしたら続けられますし、家族のためにも、もっと本格的に勉強したいという思いもありました。

そこで、大阪にある調理師専門学校の一日体験入学に行ってみることにしたのです。このときは、家族には内緒です。教室、キッチン、調理用具などは清潔感があって、先生方もみんな親切。高校を出たばかりの若い生徒たちが多い中で、私も同じようにコックコートを着て、三十センチくらいある高いコック帽子をかぶると、この学校で料理の勉強をしたいという強い意欲が湧いてきました。

問題は、家庭の主婦を務めながら、毎日朝から夕方までのカリキュラムをこなせるかということです。一年間の基礎コースは、夏休みはあるものの、ふだんの休みは土曜日の午後と日曜日だけで、普通の高等学校と同じような授業時間です。掃除、洗濯はお手伝いさんに頼むこともできますが、お弁当を含めて家の食事はすべて私が作ります。そのうえ、親として子どもの学校や塾の保護者会への出席、バザーなどの手伝いもありますし、さらに、妻として会食や結婚披露宴などに主人と一緒に出席することもあります。最初は、これらの役割を全部こなすことなど、私にはできないのでは……と思いました。

「できるかしら」「やっぱりやめておこう」と葛藤が続きました。でも、考えるほどに、やはり料理を仕事にしたいという思いが強くなっていきました。主人に相談するとても驚いた様子で「しばらく考えさせてくれ」という返事でしたが、最終的には許可してくれて、授業料も出してくれたのです。たとえ卒業できなくても料理の腕は上がるし、よい社会勉強になると思ったようです。本当にありがたいことです。

家族の理解と協力のおかげで、本科に一年、子どもの受験のために一年休学して、再び週三回、専攻科に二年間通い、調理師免許証、技能認定証を取得しました。料理に関する知識、技術はもちろんのこと、社会面でも計り知れないほどの貴重な勉強をさせていただきました。年齢や環境、考え方や経験がまったく異なる人たちと一緒に毎日授業を受けて調理実習をして、精神的にも肉体的にも耐えられたことは、この後仕事をするにあたっての、自信にもつながったような気がします。

料理教室をスタートしたのは、一九九一年のこと。いつか自分の家で料理教室を開きたいという夢を思い描いていましたので、いまの家を新築するときに、自宅に料理教室用のキッチンを造ってもらったのです。現在はアレンジ料理を教えていますが、最初はフランス料理の教室から始めようと考えました。それには、やはり本場の調理器具を揃えなければと思い、何度もパリに足を運んでは、お鍋やレードル（おたま）などを少しずつ買い集めました。

いざキッチンが整っても、生徒さんに教える内容をきちんとつめなくてはスタートできませんので、調理師学校で学んだ内容、知識、技術、撮った写真は、卒業後半年かけて整理し、十数冊のファイルにまとめあげました。ですが、学校で教えてもらったレシピ通りに作ってみても、量が違うからか、材料や器具が違うからか、それとも火加減のせいなのか、思うような味になりません。自身で納得できる、「私の料理」を作るのに何度も何度も試作を重ねました。そうして独自に工夫し、考え出したレシピは学校で教わった量の数倍にのぼり、そのファイルも私の書斎に大切な財産として並んでいます。

ファイルの整理は大変でしたが、まるで恩師に見守られているような気持ちでした。調理師学校を卒業するにあたり、私が料理教室を開くことをご存じの先生方が、さまざまなアドバイスをしてくださいました。なかでも学園長がおっしゃった、

「財産と思って設備や器材にお金をかけ、よいものを揃えること。そして料理を教えるには、勉強を続けることです」

という言葉と、洋菓子の先生がくださった、

「教室を開くのは、プロだと宣言したことと同じです。生徒さんに対して責任を持つためには、授業料はきちんといただかねばなりません。その授業料は少し高めに設定しなさい。そしてそれに見合った内容を提供していく努力をすれば、おのずと自分が

高められます」

というアドバイスが、いまも私の支えになっています。

教室は二〇〇二年に芦屋市の岩園町に移し、「プルミエ　キッチン＆スタジオ」と名づけました。

また、一九九六年からはシュガーデコレーションケーキの教室と販売を行う「江崎サロン・プレステージ」もスタートしました。最初は阪急電鉄の芦屋川駅のすぐ近くに開設したのですが、キッチンが狭く、ケーキを焼くのに不便でしたので、一九九九年に岩園町に移転しました。現在、二つの教室は隣接しています（口絵写真）。

シュガーケーキとの出会いは、一九九〇年頃のこと。イギリスの老舗百貨店に行ったことがきっかけでした。フルーツケーキをお砂糖でコーティングして、砂糖細工で飾り付けた甘い夢のようなウェディングケーキ。その繊細さと上品さに魅せられ、壊れやすい二つのシュガーケーキを買って大きな箱に入れ、手荷物で日本まで持ち帰りました。その後、ロンドンに住む知人と一緒に、ロンドン郊外にあるシュガーアートの学校の一～二週間の短期講習に数回通い、日本でも英国人の先生に学んで技術を習得して、シュガーケーキの教室を開くにいたったのです。

料理教室を家で開いていた頃は、紹介制にして知り合いのお嬢さんたちや近所の奥さま方が、生徒として習いに来てくださいました。いまは広く門戸を開いていろいろな方に来ていただいています。

やがて、雑誌の料理ページを担当することになり、料理のレシピ本を出す機会にも恵まれて、二〇一二年にはMBSテレビのミニ料理番組に出演もいたしました。自分が創造したものを発表して、みなさんに喜んでいただけるなんて、こんな幸せな仕事はありません。

もし三十代のときに、ゴルフだけをする選択をしていたら、未だに私は「自分では何もできないミエコさん」だったと思います。子どもはいずれ離れていってしまうのですから、女性はやはり仕事を持ったほうが、精神的にも経済的にも安定すると思うのです。「〇〇さんの奥さん」でも、「〇〇くんのお母さん」でもない時間が、私の自信につながっています。

おけいこ

マナーに対する私の考え方には、茶道が大きく影響しています。茶道は、相手のことを思いやり、気遣う文化を持っているのです。

茶道を始めたのは娘時代のこと。自宅から歩いて行ける場所に「表千家」のお茶の先生がいらっしゃって、お友だちと一緒にその先生に習っていた母にあるとき、「貴女《あなた》もいらっしゃい」と言われて通うようになったのです。女性のたしなみとして必要なものだからと、母と一緒に熱心に習いました。母は体が弱かったので、自宅でお茶事をすることはありませんでしたが、よくお友だちとお茶会に出かけて楽しんでいました。私もときどき、着物を着て連れて行ってもらったことを思い出します。

茶道はとても奥深いものです。お茶を点《た》てる、いわゆる「お手前」の技術にとどまらず、東洋の歴史や美術、和歌、着物、料理など、広い知識と教養が必要です。たとえば、お茶会でしたらお茶のお道具や床の間にかかるお軸などを拝見して、立派な価値のありそうなものはお尋ねしたり、誉めたりするのが作法です。お道具は季節によって使うものが違いますから、そこから四季を感じたりと、器ひとつをとっても学ぶことが多いものです。お茶を点てる一連の流れは、優雅でありながらムダな動きがなく、日常の所作の参考になりますし、何より着物を着て静かなお茶室に座り、凛とした空気の中で一服のお茶をいただくひとときは、最高の贅沢、至福の時間です。

茶道はずっと続けていて、京都の宗家にも伺っていましたが、尊敬していました宗匠がお亡くなりになってからは、しばらく遠ざかっています。またお茶を始められる日を心待ちにしています。

娘時代には華道も習っていました。やはり、家の近所に「草月流」の女流作家が住んでいらしたのです。当時はお花もまた、女性が身に付けておくべきものとして人気があり、嫁に行くには習わないといけないものでした。茶道と華道は、習っているお友だちが多かったですね。

最近のおけいことといえば……数年前に音楽教室で歌を習い始めました。実は、私には前から密かな夢があったのです。

「ピアノを弾きながらポピュラーソングを歌うこと」

私を知る人が聞いたら、「えっ⁉」と絶句するかもしれません。だって私は「音痴」なのですから。でも、だからこそ上手になりたい。そこで、おけいこを始めたのです。

昔から歌には苦手意識がありました。学生の頃の音楽の時間に、先生から「音がはずれています。あなたは音痴ですね」と、みんなの前で言われて、とても傷ついたのです。その後、「本当の音痴は音がはずれるだけではなく、はずれていることもわからない」と、何かの本で読み、私は音がはずれていることは自覚しているので、「本当の音痴じゃないんだわ、練習すれば直るはず」と思うようになりました。

若い女性の先生で、週に一回三十分程度、発声練習をした後に、好きな歌を歌います。歌を歌うと深呼吸をしますから、空気が体いっぱいに入ってきて腹筋も鍛えられます。ストレス発散にもなり、体にもいいですね。ただ、仕事が忙しくてここしばらく通うことができませんでした。

そんなとき、ふたたび夢を実現させたいと思う出来事がありました。我が家のゲストハウスに電子ピアノを置いたのです。

パーティーに音楽があると場が盛り上がり、お客さまとの距離がぐっと縮まりますから、知り合いのバンドを呼んで、主人の好きなジャズやウェスタン、カントリーなどの曲を演奏してもらっています。主人も音楽が得意なので、ギターやウクレレを弾《ひ》きながら、上手に歌を歌います。

「楽器を弾きながら歌って主人たちとセッションできたら、どんなに楽しいかしら」

そう思って楽器店を訪れ、電子ピアノを購入したのです。

ピアノは、小学校入学と同時に、私が最初に始めたおけいこ事でした。実家には黒いアップライト式のヤマハのピアノがあり、おけいこの時間になると先生がいらっしゃって、同じ年頃の子ども数人も集まってきて順番に教えてもらうのです。でも、私は友だちと遊ぶほうが楽しくて、真面目に練習しなかったものですから、うまく弾けずによく先生から手の甲をピシッと叩かれたりしました。

ですから、決して上手ではありませんが、多少のたしなみがあります。「電子ピアノは、右手でメロディさえ弾ければ、内蔵されたピアノ以外の楽器音がリズムも伴奏もつけてくれるので、プロ並みに弾くことができます」という店員さんの言葉を信じて、グランドピアノの音にできるだけ近いヤマハの「クラビノーバ」を購入しました。

ただ、店員さんの言葉には「毎週一回、三ヵ月間習えば」という助言もありました。これを怠っているので、上手に弾けるわけがありません。なんとか時間を作って、歌とピアノをもう一度習い、ゲストの方々がパーティーをより楽しんでくださるような演出をしたいと思っています。

趣味

若い頃は、外に出て行って大勢の人たちと活動するより、家の中を居心地よく整えて、静かにしているほうが好きなタイプでした。そのため、本はたくさん読みました。

父親がたびたび本を買ってきてくれたことも、影響しているのかもしれません。幼い頃に大きなさし絵入りの『イソップ物語』をはじめ、日本や世界の童話に見入った記憶があります。そして、私が小学校一年生になると、父親は小学館の『小学二年生』という雑誌を買ってきました。そのとき、「パパは間違っているのでは……」と思ったのですが、以来ずっと一学年上の本を買ってくるので、ある日、父に理由を尋ねると、

「みんなと同じ勉強をしていたのではダメ。一学年上のことを学ぶように」

と言ったのです。そのときは、「間違っていたわけではなかったのね」と納得しましたが、いま考えると親の期待の大きさに驚きます。

成長するにつれ、日本文学、世界文学、歴史や科学などの全集が部屋の本棚に並びました。このあたりからが、私の本格的な読書歴の始まりです。本を読むことで想像

力は豊かになり、知識、教養の原点が築かれたように思います。ですから、自分の子どもたちにも、同じように本をたくさん買い与えました。

最近ではとくに外国のミステリー物が大好きで、エラリー・クイーンやアガサ・クリスティの作品はほとんど読んだのではないでしょうか。

テレビや映画もミステリー物をよく見ます。テレビのミステリードラマを録画しておいて、夫婦でソファに並んで座って鑑賞するのが、楽しみのひとつ。「あの人がいかにも怪しい」「いや怪しくない人が犯人と決まっているわよ」などと、夫婦で話しながら見ています。誰がいつ、どのようにして犯罪に手を染めたのかを想像し、考えるのは、頭の体操にもなりますね。西村京太郎のシリーズがとくにお気に入りです。

テレビでも映画でも絶対に見ないジャンルは、「SF」「オカルト」「戦争物」「アクション物」です。私はとても生真面目な性格で、どんなに難解な内容でも理解できるまで悩んでしまいますから、SFやオカルトなど、理解と想像の域を超えるものは見ません。また、アメリカ映画に多いアクション物も苦手。わけもなく人が人を殺すシーンや、車や建物を爆破したり破壊したりするような場面は見たくもありません。

夫婦共通の趣味といえばテニスでした。子どもが小学校にあがり、少しの間なら子どもたちだけで過ごせるようになった頃、テニスを始めました。芦屋市の山手に新しいテニスコートができ、主人の友人たちが誘ってくれたのです。大学時代に少しだけ経験があったものの、子どももがいるし、最初は気乗りがしませんでしたが、無理やりテニスショップに連れて行かれ、テニスウェアとその頃流行っていたラージラケット（デカラケ）を購入。当時、主人が入っていた四十歳以下の青年団体（ＪＣ）のテニスサークルに参加しました。室内コートで月二回、土曜日の夕方に三時間ほどテニスをして、帰りに近くのレストランで軽食をとります。ときには、日帰りで地方のサークルとの親善試合に行ったりしました。ゲームをしたり、食事をしながら話したりするのは、とても楽しく有意義な時間。趣味を通してつながる友人は、利害関係がなく、さっぱりしていてとてもいいものです。

それに私の場合、大きな声を上げながら走り回るテニスはストレス発散の場にもなっていました。自分が打ったボールがどこに戻ってくるか予測して、ボレーが決まったときなどは気分がスカッとします。自然と体力もつきますし、子育てを乗り切れたのは、月二回のテニスがあったからといっても過言ではありません。

こうして十数年間、主人と二人でテニスを楽しんできましたが、ハードなスポーツですので、体力が落ちてくるとゲームで若い人たちに迷惑をかけることが多くなり、しだいに足が遠のいてしまいました。その代わりというわけではありませんが、十年近く前にゴルフを始めました。若くなくても始めることができ、体に負担が少なく、なおかつ夫婦で楽しめるスポーツは何かと考えると、ゴルフでした。けれど、私はコーチに教えてもらっているのになかなか上達しません。育児の手が離れた頃、専業主婦でゴルフの腕前がセミプロ並みの方々から「少しでも早く始めた方がいいわよ」と言われたのですが、「私は仕事を持ち、ゴルフはいずれ趣味として始めよう」と思っていました。それは大きな誤算だったようです。そのうち、小さなボールを数百ヤード先の小さな穴に入れることに、いったいなんの意味があるのかしらと考えるようになり、「時間をムダにしているとしか思えないのでやめます」と宣言しましたが、主人にうながされてコースに出ては、「歩いて健康を保つため」と思い直し、続けています。

それでも、仕事に行き詰まったときなどは、ゴルフに助けられている気がします。日々の生活とはまったく異なる世界に入ることで、精神的にも身体的にも気分転換になります。夫婦で同じ趣味を持つことも、私にとっては大事なこと。お互いを労り、励まし合い、共通の話題も多くなって、より仲良く生活を楽しめます。ただ、せっかくお金と時間を費やしているのですから、もう少し上手になりたいものです。

しつけ

「三歳までに、厳しくしつけなさい」

子どもが生まれたとき、母にそう助言されたことを、いまでもよく憶えています。道端でワーッと大の字になって泣いている子どもをときどき見かけますが、それに負けてしまっては、一生子どもに負けると言われました。

その言葉がいつも頭にありましたので、子どもが小さい頃はとても厳しくしつけをしてきました。子どもたちも、厳しい母親に育てられてさぞかし辛かったことでしょう。好きなことをさせ、欲しい物を与えれば、子どもは笑顔で喜びます。私だって、あの可愛い笑顔を見たい。けれど、我慢することを知らずに社会に出たら、困るのは子どもたちです。大人になってからでは親は助けられませんし、ましてや私たち亡き後は、助言することができません。どんな環境でも自信を持って、力強く心豊かに生きていってほしい。そんな思いがあったからこそ、心を鬼にして厳しいしつけを貫き通してきました。

長男が六歳、長女が三歳、次女はまだ生まれていない頃のことです。当時住んでいたマンションの敷地内に公園がありました。ある日、子どもたちは遊びに夢中だったのか、夕食時になっても帰ってきません。「お家に入れませんよ！」と言っても、です。業を煮やした私は玄関の鍵をかけてしまい、子どもたちが頼んでも開けませんでした。

「お父さまが帰ってくるまで待つしかない」

そう悟った長男は、泣いている長女をあやしながらドアの前に座り込みました。かわいそうなので入れてあげようかとも思いましたが、ここで折れては親の示しがつきません。ときどき様子をうかがいながら、主人が早く帰ってくることを子どもたち以上に待ったものです。

このようなときは、いつも主人が仲裁役となりました。私が厳しいぶん、主人は穏やかに、温かくフォローするやさしいお父さまです。

けれど、いったんお父さまの雷が落ちると、効き目は抜群、子どもたちは絶対服従です。以前、視力の落ちた娘が、登下校のときに眼鏡をかけていないことが発覚し、「危険だからかけなさい」とお父さまが言うと、「嫌だ」と反抗的な態度をとったことがありました。その途端、お父さまの手が娘の頬に飛び、パーンと平手打ち。でも、次の瞬間には娘を引き寄せ、ぎゅっと抱きしめていました。娘にボーイフレンドができたときも大変です。連絡をせずに帰宅時間が遅くなると、「何をしていたんだ！」と怒鳴りつけていました。でも、お父さまが叱るのは、決まって心配をさせるようなことをしたときでしたから、子どもたちもその愛情の深さを感じていたことと思います。

父親は、一家の中でもっとも威厳のある存在で、一番偉い人です。その役割をきちんと担うため、主人は家でだらしのない格好をしたりしません。娘たちは、「お父さまがソファで寝転んでリラックスしている姿を見たことがない」と言います。ときどき、自分の父親のことを見下したように言う方がいますが、家でだらしのない姿を見せられていたのでは、仕方ありませんね。

そして、母親は厳しく。「姉妹のような母娘」などという言葉をよく聞きますが、私は一切そのようなことがありませんでした。あくまでも「親」と「子」として一線を引くことがしつけには大切だと思っていましたから。

ふだんから何かと口うるさい母親と、いつもはやさしいけれど、威厳があり、怒ったら怖い父親。子どものしつけには、とてもよい役割分担です。

そのような私たちは子どもたちの前で夫婦喧嘩をすることはありませんでした。言いたいことがあるときは、子どもたちが寝た後で。子育てでは、親同士が団結することが大事です。どちらか一方の親が叱ったときには、もう一方の親も同じ理由で怒っている、という態度を見せること。親同士の意見がずれていると、子どもはどちらが正しいのか、混乱してしまいます。

しつけは小さいときは厳しく、大きくなるにつれて緩くしていくべきなのに、日本の場合は反対が多いのではないかしら。小さい頃に甘やかしておきながら、大きくなって言うことを聞かないと力でねじ伏せようとしても、「ときすでに遅し」だと思うのです。私は、子どもを叱ったり、諭したりするときに、「子どものしつけ三原則」というのを念頭に置いていました。

第一に、子どもに「こうしなさい」「これはやってはいけません」と宣言したことは、意志を強く持って貫くこと。親が迷って方針を変えると、子どもは何を信じてよいかわからなくなってしまいます。

次に、どんなに厳しく叱っても、真正面に向き合って話すことです。ただ叱るだけではなく、親がなぜ叱っているのか、理由を伝えることが大切。真剣に話せば必ず子どもには伝わりますし、親を信頼するようになります。口で言ってもわからないときは、体罰を与えることも、小さい子どもには必要と考えています。体を傷つけない、頭は叩かない、感情的にならない、という原則を守って。

最後に、厳しさ以上に愛情を持つこと。目線を子どもと同じ高さに合わせ、抱きしめて、何があっても心から愛し受け入れることを言葉で伝えます。子どもは親に無条件で愛されているという確信を持つことで安心し、自分に自信を持ち、人に対しても思いやりの気持ちを持つことができると思うのです。

その愛情を平等にすることも心がけました。金銭的には、たとえば上の子には自転車を買ったけれど、次の子はそのお古で充分ということもありますので、なかなか平等というわけにはいきません。けれど、愛情は分け隔てなく与えなければならないと思い、子どもたちにはいつも、言葉と態度で「あなたたち三人とも、同じように大事に愛していますよ」と伝えてきました。周囲には、「息子には特別の思いがあって一番かわいい」とか、「末っ子はかわいい。いつまでも側に置いておきたい」などと子どもたちの前で平気で言う方がいらっしゃいますが、面と向かって愛情の差を伝えるなんて、もってのほかです。子どもたちが平等に愛されていると感じれば、大人になっても兄弟仲良く過ごすことができるものです。

そのほかに、しつけというほどではありませんが、子どもたちが小さい頃、我が家には独自のルールがありました。

まず食事では、「嫌いなものでも、一口だけは食べる」こと。おかげで、子どもたちの好き嫌いはなくなりました。「食事をしながらテレビを見ない」ことは、四十三年間続いている約束事です。「食事の用意、後片付けはみんなが手伝う」のもルール。そして私は意識していなかったのですが、「おやつのお菓子はグリコの商品だけ」だったそうです（笑）。

「帰宅して、食事をするときには服を着替える」のも、我が家のルール。外で着た服は、汚れがついていますので、家用の清潔な服装に着替えて食事をします。ほかにも、土足の場所にはバッグを直接置かないなど、衛生面には気を付けました。

衛生面でこれだけ神経質なのは、私の母がとてもきれい好きだったことに影響を受けていると思います。母は夕方五時になると、夕食に使う食器をすべて煮沸消毒するのが日課でした。列車に乗るときも、シートは不衛生だからといって、自分でシーツを持参して敷かないと気がすまなかったほどです。そんな病的にきれい好きな母を見て育ったので、母ほどではありませんが、衛生面にはとりわけ気を配るようになりました。

しつけや教育というものは、親から子へと受け継がれていくものなのですね。

教育

男の子と女の子では、しつけや教育の方針は基本的には同じですが、大きくなるにつれ、少しずつ違う部分も出てきました。

長男には、できれば主人の跡を継いでほしいと思っていましたので、強くたくましく育てようとスポーツをさせました。体を鍛え、海で遭難しても生きて帰ってこられるよう、三歳のときから水泳教室に通わせ、そのほかにもスケートやスキー、山登りの教室などにも行かせました。また、学歴も必要と考えていましたので、テレビを見たり遊んだりすることを我慢させて、中学受験、高校受験という試練を与えました。

中学受験は、小さな頃から長男に話していましたので、本人もそれが当たり前だと思っていたようです。小学校高学年のときに阪神間屈指の進学塾「山本塾」に通い始め、夏休みや春休みには塾の合宿にも参加し、さらに家庭教師にもついて勉強していました。

当初、息子は東京の小・中・高・大学までの一貫校に中学から入学させたいと思っていました。現在はわかりませんが、当時、関西の難関校は、東京の有名私立より偏差値が高く、入るのが難しかったのです。そのうえ、希望するレベルの大学付属校がなかったので、また大学受験をしなくてはなりません。それより東京の一貫校に行って、クラブ活動でもしながら受験なしで大学まで行くのがいいのではないかと思っていました。ところが、お世話になっていた塾長の山本先生に、このようなアドバイスをいただきました。先生は、受験生の親としての心得をいつも説いてくださる、私たち母親が信頼している方でした。

「中学生はまだ子どもです。とくに、お宅の息子さんはやさしいので、中学ではまだ親が必要な時期。ご両親が三年間付き添えないのなら、中学は関西の学校のほうがいいでしょう。ここで親子離れて精神的につまずくと、一生取り返しがつかなくなります。あと三年したら、精神的にも充分成長して、どこに出しても大丈夫でしょう。勉強のほうは、いくらでも取り返しがつきます」

息子の下には、まだ小さな娘が二人いましたから、私は東京に付いて行くことができませんでしたので、家から通える関西の中学校に行き、東京の大学付属の高校を目指すことになったのです。

息子が通っていた中学校はキリスト教系で、運動場が広くとてもいい学校でした。小・中・高一貫校でしたので、高校受験をするのは息子くらいなものです。周囲が部活や課外活動をしながらのんびりと過ごす中で、受験勉強をするのはさぞかし辛かったと思います。けれど、私もがんばりました。学校が終わると、車の中で軽い食事をさせながら塾まで送り、夜遅く迎えに行き、帰宅したら夜食を用意して食べさせます。さらに勉強する息子を見守って……という生活を三年続けました。

春休み、夏休みも毎日塾に通いましたので、遊ぶ時間はまったくなかったと思います。おかげさまで、無事に目指していた東京にある大学付属の高校に合格し、そのまま大学も落第することなく卒業できました。

部活をしたり、遊んだりしたい時期に勉強をさせるのは、かわいそうなのかもしれません。けれど、男の子にはここぞというときにがんばり抜く経験をさせたほうがいいと思っています。でも、いくら勉強しなさいと言っても、よほど好きでなければ一人で家で勉強するのはなかなか難しいもの。受験のテクニックなども必要ですから、息子はもちろん、親も一心同体となってがんばらなければいけないと思って、塾にも通わせ乗り切りました。

一方、長女と次女は関西にある小学校から大学まで一貫の学校でした（大学だけ東京にあります）ので、受験勉強はしませんでしたが、どんなところに出しても恥ずかしくないよう、礼儀作法を厳しく身に付けさせました。とくに徹底したのは敬語です。小さな子どもにとって、敬語は難しく憶えるのが大変ですから、ちょっと教え方を工夫しました。

敬語は「丁寧語」「謙譲語」「尊敬語」から成り立っています。そのうち、比較的やさしい「〜です」「〜ます」「〜ください」といった「丁寧語」は、言葉がしゃべれるようになってきたら、すぐに教え始めました。次に、小学校三〜四年生頃から教え始めたのが「尊敬語」です。まずは父親のことを、誰に話すときも「お父さま」と呼ばせました。「お父さまがおっしゃった」「お父さまが帰っていらっしゃった」といった具合です。小学校六年生まではそのように敬語を使わせましたので、第三者に話すときも、「お父さまが公園に連れて行ってくださった」となるわけです。私たちの親や周囲の大人は、「『父が〜しました』と教えなくて良いの？」と心配していましたが、早い段階で「謙譲語」を教えると、尊敬語と混じってしまい、混乱するのではないかと考えたのです。ですから、きっちりと「尊敬語」をマスターしたあとで、謙譲語を教えました。中学校に入ると同時に「謙譲語」を教えて、ようやく「父が申しました」「母が参ります」といった具合に、正しい敬語を使えるようになりました。

近頃、自分の親のことを「私のお父さんが」「お母さんが言っていました」などと言う若者を見受けますが、「両親に教えてもらえなかったのかしら、お気の毒に」と思ってしまいます。きちんとした美しい敬語が使えるということは、日本人としての美徳ですし、自分にとってもメリットの多いことだと思います。

おけいこ事は、息子も娘も私と同様、ピアノが最初でした。演奏会などに出演したりしていましたが、学校の勉強が忙しくなったのを機にやめました。小さい頃から始めたおかげで、音符を読む力やリズム感などは養われたようです。三人とも音楽は大好きで、ポップスやロックをよく聴いています。

娘二人は、お習字も習いました。お習字はきれいな字が書けるようになるだけでなく、姿勢がよくなり、集中力もついて、とてもよいおけいこ事だったと思います。二人で近所に習いに行っていましたが、好きだったようで長続きし、賞をもらったりしていました。

私たちの孫はどうかといいますと、上の娘の三歳になる子どもは有名な幼児スクールに通って、音楽、英語、体育の授業を受けているようです。下の娘の四歳の子は英語と音楽の教室に通いながら、小学校受験のための幼児教室を探しているとか。教育熱心な親たちです。

「こんな小さなときからかわいそうに」と私は言うのですが、娘たちは「教育は赤ちゃんがお母さんのお腹にいるときから始まっているのよ。私は音楽や英語のCDを毎の日聞かせていたんだから」と言います。子どもの教育に関しては、親に任せておくのが一番ですね。孫の幼児スクールで開催される英語の発表会を見に行ったり、孫が遊びに来て「グッドイーブニング！」などと言えば、「将来はバイリンガルね！」などと目を細めて喜んだりしているおばあちゃまに徹しています。

子どもがハッピーで、親も満足しているなら大丈夫でしょう。よほど見るに見兼ねた場合と、困っていたり相談を受けたりしたときだけ助言をして、周りの人は温かく見守ってあげることが大切だと思っています。

親孝行

十五年ほど前のことでしょうか、子どもたちから最高のプレゼントをもらいました。それは、私が息子の幼稚園入園から末娘の高校卒業まで、二十二年間にわたって作ってきたお弁当の思い出が込められた「お弁当手帳」です。毎日、欠かさずにお弁当を作ってきたことに感謝の気持ちを込めてと、長女が企画して進行管理をし、美術の得意な次女がイラストや貼り絵などを使って作ってくれました。主人と、当時東京にいた長男もコメントを寄せてくれました。

美味しかったおかずランキング、嫌いだったおかずランキングなどを家族それぞれが答えていて、なかにはマツタケご飯のマツタケがぎっしりで豪華すぎて恥ずかしかったとか、たまにはカップラーメンを食べたかったとかの本音もあったり。イラストとともに楽しく書かれていましたが、一人ひとりの感謝のコメントを読んだときには、大変な時期もあったけどみんなに喜んでもらえて、がんばった甲斐があったなぁ……と、胸が熱くなりました。

親というものは、見返りなど一切期待せず、一方的に子どもに愛情を注ぐ存在ですが、このように思いがけず子どもたちに感謝の気持ちを返してもらうと、ことのほか嬉しいものです。これはバインダー式の手帳ですので、大事に残しておくために、また家族みんなの手元に置いておくために、出版社で印刷・製本してもらって約60ページの小冊子を作りました。

「親孝行」の形は人それぞれだと思いますが、大きくなってからも兄弟が仲の良い姿を見せてくれることも、親孝行のひとつ。

昔から、親のそうした思いは変わらないのでしょう。二宮金次郎の歌（唱歌）に、このような歌詞があります。

柴刈り縄なひ　草鞋《わらじ》をつくり
親の手を助《す》け　弟《おとと》を世話し
兄弟仲よく　孝行つくす
手本は二宮金次郎

日本人の勤勉さと親孝行を歌った歌ですね。いまでは、経済的にも裕福になってきていますので、「草鞋をつくり」というシーンは現実的ではありませんが、後半の

「兄弟仲よく　孝行つくす」というのは、いまも昔も同じだと実感します。

小さな頃から仲良く、大切に育ててきた子どもたちが、大人になってお互い家庭を持つと、いがみ合ったり険悪になったりするという話を聞きますが、それは親にとってもっとも悲しいこと。そのような関係になってしまうのは、おそらく親の愛情が不平等だと感じることが根底にあるのではないかと思います。

ですから、子どもたちには、分け隔てなく平等に愛情を注いできました。おかげさまで、我が家は、みんなとても仲良しで、ときには親が仲間はずれになってしまうほど。お弁当手帳のほかにも、主人の還暦や、私たちの結婚四十周年のお祝いでは、子どもたちで話し合ってプレゼントやサプライズを用意してくれました。そうした心配りはすごく嬉しく思います。

でも、実は私たちは日頃から親孝行をしてもらっています。子どもたちが家庭を持ち、孫を連れて私たちのところに顔を見せてくれることです。

何年か前にフランスのリヨンに行ったとき、高速道路で渋滞に巻き込まれたことがありました。ちょうどフランス人のバカンスの時期で、その大移動に遭遇したのです。そこで、彼らがどのようなメンバーで、どんな荷物を載せているか観察をしたところ、ほとんどが子どもを連れた家族でした。

フランスに駐在している江崎グリコの社員に聞いたところ、フランス人のバカンスは二十日から一ヵ月くらいですが、ほとんどの人が里帰りをして、親の家に滞在するのだとか。経済的理由もあるようですが、親とゆっくり過ごしたいと思っている人が多いのだそうです。パリの裕福なフランス人に嫁いだ奥さま（日本人）も、

「バカンスの半分は主人の親の家で過ごします。お母さんをとても大切にしていて、食事は私が作ります。フランス人は親孝行ですよ」

とおっしゃっていました。日本はそれほど長い休みがありませんので、なかなかそうはいかないかもしれませんが、少しの時間であっても親のもとを訪れて、元気で幸せな姿を見せてくれるなら同じこと。その気持ちが親孝行というものではないでしょうか。


私たち夫婦はできる限り、経済的にも生活の面でも、子どもたちの世話にならずに、自分たちだけで生活していくつもりですが、やはり最後の最後は面倒をみてもらわなければならなくなるでしょう。そうなったときに、兄妹三人とその家族が、いまのように仲良く私たちのもとに来てくれたら、何よりの安らぎになるに違いありません。

夫婦

二〇一〇年、結婚四十周年を記念して「ルビー婚式」のパーティーを開きました。結婚記念のパーティーをしたことはそれまでありませんでしたが、お友だちが結婚三十周年のパール婚式のパーティーをしているのを見て、他の人を招いてパーティーをするのもいいなと思ったのです。ちょうど欲しいルビーがあったので、なんとか買ってもらえないかしら、という作戦でもあったのですけれど。

日頃お世話になっている方、おつきあいをしてくださっている方を招いて、「これまでお世話になりましてありがとうございました。どうぞこれからもよろしくお願いします」と感謝の意を込め、また「お互い四十年間よくがんばってきたね」と夫婦で誉め合うパーティー。会場はホテル「ザ・リッツ・カールトン大阪」で、八十人ほどのお客さまをお招きしました（口絵写真）。

ルビー婚式ですので、私の衣装は真っ赤なドレス。真紅のバラの花で飾った大きな四段のアニバーサリー・シュガーデコレーションケーキを、娘と長男の嫁がデザインして作ってくれましたので、ウェディングケーキのように夫婦でナイフを入れました。主人の上手な歌と、私の上手でない「さそり座の女」（私はさそり座です）を披露すると、「今度はいつ歌ってくださるの？」となかなか好評。帰り際には引き出物をお渡しして、まさに結婚披露宴のようでした。お客さまにも、年を重ねてこのようなパーティーに参加でき、本当に楽しかったとおっしゃっていただき、私たちもとても満足です。

次の目標は、結婚四十五周年の「サファイア婚式」。二人揃って仲良く元気に迎え、パーティーを開くことができるといいなあと思っています。いえ、開きます！

そんな私たち夫婦が結婚したのは一九七〇年。「センキューヒャクナナジューネンノ、コ〜ンニ〜チ〜ハ〜！」と三波春夫さんが歌った大阪万博（日本万国博覧会）の年で、大阪は大賑わい、大混雑。私が大学三年生になった春のことでした。

主人とは、私が大学二年生のときにお見合いをして出会いました。お互いにすぐに気に入り、主人の祖父が「善は急げ！　美恵子さんの卒業まで待つ必要はない」と孫の結婚を心待ちにしていましたので、学生結婚をすることになりました。ただし、「大学はやめずに、必ず卒業するように」という祖父の言葉で、当時通っていた神戸市の甲南大学のすぐ近くにマンションを買っていただいて、恵まれた結婚生活をスタートしたのです。それから四十三年間、夫婦仲良く暮らしてきました。

主人は心が広い人ですが、私は自他ともに認めるヤキモチ焼き。でも、それは主人によく伝えてありますので、ストレスをためるようなことはほとんどありません。

ずいぶん前に、こんなことがありました。あるパーティーで妻のヤキモチが話題になり、その場にいたみんなが私のことをからかいだしました。するとある女性が、私の顔を見て言うのです。

「あなた、男なんて束縛しないで好きなようにさせておけばいいのよ。私なんか、夫が何をしても平気よ」

いまでしたら、毅然として、

「私はそのようなことは絶対に認めません。主人が好きなことをするようなら、私も好きなことをします！」

と反論するでしょうが、当時はまだ若く、人前で意見を言えない内気な妻でしたので、黙ってうつむくしかありませんでした。すると、彼女の「夫が何をしても平気！」の言葉に安心したのでしょう、その彼女のご主人の友人が、ニヤニヤしながらとんでもないことを言ったのです。

「○○君（彼女のご主人の名前）と、先週香港に遊びに行ったときはおもしろかったなぁ」

私が顔を上げると、そこには凍り付いた彼女の顔がありました。

「えっ、いつのこと？　香港に行ったなんて知らないわよ。あなた、その日は東京出張と言ったじゃありませんか！」

大きな声でご主人を責め立てる彼女に、その男性は初めて自分が大変なことを言ったことに気付き、黙り込みました。でも、後の祭り。なんとそのご夫婦は、それがきっかけで（他にも何か理由があったのかもしれませんが）、一年後に離婚なさったそうなのです。

熟年のご夫婦で離婚なさった話も聞きました。自分の子どもが結婚式を終えて新婚旅行に旅立つ姿を見送った後、妻が夫に離婚をつきつけたとか。これから二人でゆっくり人生を送ろうと思っていた夫は、青天の霹靂《へきれき》。なぜかと尋ねれば、「あなたは子どもが小さいとき、私がどんなに忙しくても、おむつも替えてくれなかったじゃないですか。それからずっと、私のことを大事にしてくれませんでした。子どもたちが結婚するまではと辛抱しましたが、もう我慢ができません」との答え。

どちらもかわいそうなお話ではありませんか。

夫が外で好きなことをして、隠しごとをされるのがイヤなら、最初にきっぱりとイヤだと言っておくべきです。我慢して言わないから、夫は「大丈夫だな」と高を括《くく》るのです。私はいつも「絶対に許しませんわよ！」と言っていますし、態度でも不快感を表しています。

おむつを替えてくれなくて不満なら、そのときに言わなければダメでしょう。二十年も前のことを言われたらショックでしょうし、もう、どうすることもできないのですから。

私たち夫婦が四十三年間の結婚生活でもっとも大切にしてきたことは、お互いの気持ちや考えを、言葉で伝えること。日本の男性の中には、「妻とは以心伝心。言葉にしなくても、思っていることが通じる」とおっしゃる方がいますが、本当にそうでしょうか。思い上がり、ひとりよがりではありませんか。「以心伝心」というのは、本来は、禅宗で師が言葉を出さずに弟子の心に仏法の根本を伝えることを指す言葉です。そこまで修行なさったのですか、とお聞きしたくなります。私たち凡人は、言葉にしなければ、お互いの思いや気持ちは伝わりません。言葉というものは、気持ちを伝え、コミュニケーションをとるために生まれたものなのですから。

私たち夫婦はつねに、自分の気持ちを言葉で伝えて納得のいくまで話し合います。もちろん、言葉だけでなく態度や行動でも表します。絶えずコミュニケーションをはかることで、相手の考え方を知り、理解を深めて信頼関係を築き上げてきました。もっとも、不満をぶつけるのは私がほとんどで、主人から文句を言ってきたことはあまりないのですが……。

そしてもうひとつ、夫婦のよい関係を保つためには、欧米の夫婦のように、子どもができても、子どもが独立して二人になっても、男性と女性でいることが大切だと思っています。私はいまでも、主人が私のことを女性として見てくれるための努力は怠りません。主人と食事に行くときには、女性らしいやわらかい素材で華やかな色合いの洋服を選びますし、美容面でも貧相にならないよう、髪は必ずふんわりセットして、肌もきれいに保つために日焼け対策やパックなどを心がけています。もちろん、外見だけではなく、内面も磨くことが大切。新聞や読書などで情報収集をして、会話も楽しい妻であるように、またしぐさやふるまいもエレガントで女性らしくあるよう、努めています。ほかの項でも書きましたが、主人が家で美味しい料理を食べるのを楽しみにしてくれるよう、料理の腕も磨いてきました。

主人が誠実な人であることが一番幸運だったのですが、私の努力も決してムダではなかったのではないかしら。夫婦二人で平和な日々を送っているいま、そう思っています。

姑と嫁

江崎家へ嫁ぐとき、母が娘の私に忠告してくれました。

「江崎の本家に行くときは、必ず白いエプロンを持っていきなさい」

婚約していたときから、ときどき主人の祖父と食事をし、何かにつけて家に呼ばれていました。当時、私は大学生で、母は家事もまだ教えていないし、嫁としてのしつけもできていないうえ、わがままで思ったことはズバズバ言う性格の私が、とても心配だったようです。

役に立たなくても、エプロンをキュッとしめれば手伝おうとする気持ちは伝わるだろうということでしょう。エプロンは派手な柄や飾りがあるようなものではなく、シンプルな白い綿のものと決まっていました。それはいまも変わりません。

義母から「手伝わなくてもいいわよ」と言われることがあっても、母の言葉を思い出し、手伝う気持ちを持ち続けました。とはいえ、出過ぎてもよろしくありません。

「よけいなことは言わずに、何でもお義母《かあ》さまやお義姉《ねえ》さま方に伺って、言われた通りにしなさい」

そう母には言われていましたから。

結婚してからは、義母の家に行くとキッチンに立ってお料理をしました。お友だちの話を聞いたりすると、キッチンに入るのを嫌がるお姑さんもいるようですが、義母は私が料理を作ることを楽しみにしていたようです。私が一目でわかるように、新しい調味料入れに「砂糖」「塩」などと記してあって、「あなたが来るのを待っていましたよ」という雰囲気でした。

姑とのおつきあいについては、世間でも話題になることが多いですね。もともと他人同士がともに生活したり、おつきあいしたりする場合、距離のとり方がとても大事。同居ですと、家事や食事が一緒の場合が多いでしょうから、フリータイムは買い物や趣味などお互いに自分の時間を持つことが大切だと思います。逆に離れた場所に住んでいるのでしたら、定期的に連絡をして近況報告をするといいですね。物理的な距離と、心の距離とのバランスを考えながら、上手に生活していく必要があります。

私の場合、義母は車で二十～三十分の距離に住んでいましたから、月に二～三度、週末に孫たちの顔を見せに行く、そのような距離感でした。

その後、同じ敷地内に住んだこともありましたが、

「私は美恵子さんではなく、娘に面倒をみてもらいたいので一緒には住みません」

と言われて、家は別でした。そのときは少しショックでしたが、いまは、お嫁さんに迷惑はかけまいという気遣いであったと確信しています。長い時間が義母と私の心の距離を近づけてくれたからです。

義姉たちとは、よい関係を築いてきたのではないかと思います。

思い起こせば、私が嫁にきて間もない頃、主人の実家で江崎家親戚一同が集まって会食をしたことがあります。そのときも二～三日前に母は電話で、「お義母さんのおっしゃる通りにしっかりお手伝いするのですよ」とアドバイスをしてくれました。

夫の実家に多くの親戚が集まるときは、とても気を遣うものですが、私はいつものように普通に振る舞っていました。

後日、再び母から連絡があり、「お義姉さんたち、どうだった？」と聞かれましたので当日の様子を話すと、母はこう言ったのです。

「やさしいお義姉さんたちでよかったわね。二人もいらっしゃるし、普通は意地悪されるのよ。お義母さんもよい人で美恵子は幸せ。大事にして差し上げて、お義姉さんたちとも仲良くするのですよ」

確かに、お義姉さんたちはやさしい人たちですが、二人とも結婚して〝嫁〟でもあるわけですから、同じ立場を経験している女性同士、理解し、協力し合うことができたのでしょう。

いまは、長男が結婚し、私が姑の立場となりました。嫁に家に入ってもらうとき、私は三つのことを伝えました。

「私たち仲良くしましょうね。私はあなたを娘だと思っていますよ」

「困ったときはいつでも相談してね」

「私たちが元気な間はあなたたちを手助けします。でも、もし私たちが動けなくなったら、そのときはお願い、助けてね」

少し離れたところに住んでいるので、毎日会ったりすることはありませんが、可愛い絵文字が入ったメールをくれたりすると、とても嬉しくなります。いまでは実の娘たちと同じ。やさしく、愛をもって仲良くしています。

3

おつきあい

パーティーに花束はお贈りしません。

*

訪問は約束の3分過ぎがちょうどいい。

*

招待されたお宅の内装や調度品を誉めること。

*

お中元・お歳暮は必要ありません。

およばれ～結婚式～

結婚披露宴の招待状が届くと、一目でわかります。白い上品な、あるいは金の縁取りのある封筒に折り鶴の切手が貼ってあることが多く、私たち夫婦連名の宛名が書かれていることもあります。裏を見ると両家のお名前が書かれていて、幸せな気持ちになります。出欠のお返事はなるべく早く出します。以前、期日が近づいてからでいいわと思っていましたら、すっかり忘れてしまってギリギリにお返事したことがありました。もし期日に遅れていたらせっかくのご好意に対してとても無礼なことになりますから、結婚披露宴に限らず、お返事は都合がわかり次第出すようにしています。

次に「お祝い」をどうするか、そして当日の「服装」は何を選ぶかを考えます。「お祝い」は、先方に伺ってお渡しするにしても、宅配便で送るにしても、早めであるにこしたことはありません。早い時期であれば、先方が買い揃えて重複してしまうことも少ないでしょうし、贈る側の私たちも「何にしようかしら」などと、いつまでも悩まなくてすみます。

日本では、大安などの吉日にお祝いをするのがよいとされています。これは中国から伝わった「六曜」という暦にのっとったものですが、物事を決めるための生活の知恵なのでしょうね。大安の日は、お祝いに来るお客さまを家で待って、そうでない日に出かけることができますから。前もって連絡するとかえって先方に気を遣わせるからと、いきなり訪問する方もいますが、相手方にもいろいろ予定があります。たとえ大安の日でも、お祝いに来る方々が重ならないよう、時間の調整が必要ですから、お伺いするときは必ず連絡をし、時間を約束して出かけることにしています。

さてそのお祝いですが、正式には、広蓋《ひろぶた》に白木台を載せ、その上に祝儀袋または品物を置き、右側に熨斗《のし》、左側に末広（扇子）を添えます。そして、家紋が入った袱紗《ふくさ》をかけて、全体をやはり家紋入りの風呂敷で包んで、持参します。

こうした道具は、大阪・高麗橋《こうらいばし》の「澁谷利兵衛《しぶたにりへえ》商店」など、阪神間にある結納品を販売しているお店で購入しています。地方によっては独特のしきたりもありますから、その土地の専門店や百貨店の売り場に相談するとよいでしょう。

略式の場合でも、ご祝儀を入れる祝儀袋の水引きは蝶結びではなく、一回限りの祝い事であることを表す「結び切り」を用います。品物でしたら他の方と重複しないように、結婚するお二人の希望を聞いて贈るようにします。

次に披露宴での「服装」ですが、これは三つほど気になっていることがあります。

花嫁さんが白い衣装なので招待客は白を着ない、ということはみなさんよくご存じでしょう。では黒は？

以前、私が英会話を習っていたときに、英国人の女性がこう言っていました。

「英国では上（トップ）、下（ボトム）ともに黒色の服を着るのは喪のときです。なのに、日本では結婚式に黒い服を着ていく人がいます。どういうことなのか、びっくりしてしまいました」

私も同じ考えです。夜の披露宴でしたら、豪華なアクセサリーをつければよいのですが、地味な黒いワンピースに白いパールの一連のネックレスだけ、という女性がどの結婚式にも必ず一人はいらっしゃいます。そのたびに、「お葬式と同じ格好だわ」と、ドキッと心が凍る思いをしています。

百貨店のフォーマルウェア売り場で店員さんがよく、黒のドレスを「冠婚葬祭、どれでも着ることができて、とても便利ですよ」と説明して売っていますが、それは間違っていると思います。お祝いの席なのですから、華やかな色のお洋服のほうが、場の雰囲気を明るくするのではないかしら。光沢のある生地も素敵ですね。

それから、昼間にもかかわらず、夜用のドレスを着ている人も見かけます。洋装にはちゃんとマナーがあり、基本的に昼と夜は違った装いになります。男性は、午前中と昼はモーニングコート、ディレクターズスーツ、ブラックスーツなど、夜はタキシードかブラックスーツなどでしょう。女性の場合、昼間はあまり腕が出ていないアフタヌーンドレスかフォーマルなワンピース、スーツなら柔らかい感じのものなど、夜はイブニングドレスかカクテルドレスです。ところが昼間の披露宴に、袖なしでロング丈のキラキラ光るイブニングドレスをお召しのレディが、必ず一人か二人いらっしゃいます。豪華なのはいいのですが、スマートではありませんね。

最後に、宝石のこと。ルビーやサファイア、エメラルドなど、色のついた光る宝石は夜のみで、昼間は真珠、金、銀、ダイヤモンドだけというルールがあります。これはあまり知られていないようです。もちろん夜はどのような宝石でも大丈夫です。とはいえ、私にとって宝石はお守りですし、ドレスに合わせてどうしてもつけたい宝石があるときは、昼間でも控えめにつけることもあります。

盛大な結婚披露宴のときは、私は着物を着ます。仲人夫人、ご親族は黒留袖ですから、招かれた場合は色留袖がもっとも正式です。でも、色留袖は裾にしか模様がなく、テーブルにつくと上半身が少し寂しいので、最近では胸のところにも模様がある訪問着を着るようにしています。もちろん披露宴ですので、格調高い、おめでたい模様で、金糸や金箔が入っている豪華なものを選びます。

さて、お祝いを贈り、装いも決まって、当日いよいよ会場へ。新郎新婦のご両親、ご親族の方々にはもちろん「おめでとうございます。このたびはお招きいただきましてありがとうございます」とご挨拶しますが、私はどなたにお会いしても、「おめでとうございます」とお正月のようにご挨拶します。おめでたい気持ちをみんなで共有する雰囲気になるからです。先に「おめでとうございます」と言われたら、「おめでとうございます」とお返しししています。

自分と同じテーブルに知っている方がいらっしゃったら、「おめでとうございます。本日はお相伴よろしくお願いします」と声をかけ、知らない方がいらっしゃったら、歩み寄って自己紹介します。席次は、招待者側が釣り合いが取れると思って決めていますから、お知り合いになれるよいチャンス。和やかに歓談を楽しみたいものです。

席に着いたときに気になるのは、すぐに食器類に触れる方がいること。テーブルの上に用意されている素敵なお花や飾り皿（席の中心を決めるための、最初から置かれているお皿）、カトラリーやグラス類、ナプキンなどは、食事が始まるまで手を触れないもの。とくに、ナプキンは乾杯が終わっていよいよお料理が出てくる少し前に、ゆっくり取り上げ、膝の上に広げます。早くから広げていると、欧米では「お腹がすいたわ、お料理まだかしら？」という合図に受け取られ、とてもお行儀が悪いことなのです。

媒酌人、次に主賓のご挨拶と続き、お祝いのシャンパーニュがグラスに注がれて「乾杯」。でも、音頭を取る人の中には、いまが自分をアピールするチャンスとばかり、みんながグラスを持って起立しているのに、長々とお話をする人がいらっしゃいます。乾杯前に二十分近く話された方もいました。ですので、私はグラスを早々に持ち上げず、テーブルの端に置いてお話を聞いています。いよいよ乾杯となりグラスを持ち上げるときは、もう一方の手をそっとグラスに添えると、しぐさが美しく見えますよ。着物のときは袖口を押さえるようにして。そして、発声の後すぐには飲まず、グラスを目の高さまで上げて同じテーブルの方々と目を合わせて会釈し、お祝いの気持ちを確かめてからゆっくりとグラスに口をつけるようにします。グラスをテーブルに置き、拍手をしてから座ります。

ウェディングケーキの入刀、スピーチや余興を楽しみながら食事をし、歓談していよいよお開きの時間です。席を立つときに、周囲の方々に「本日は結構なお相伴をありがとうございました。ごきげんよう」と挨拶をします。出口で招待客に立礼をなさっている新郎新婦、媒酌人と両家のご両親には再度、おめでとうの気持ちとお礼の言葉を述べます。「お疲れが出ませんように……」の気持ちも込めて。

およばれ〜パーティー〜

パーティーにお招きいただいたら、早速手帳を開いて予定が入っていないか確かめます。主人と相談して伺うことになれば、すぐに出席のお返事を出して、当日までワクワクウキウキして過ごします。

最初に決めるのは、結婚披露宴と同じでお祝いやお土産の品。新築披露祝い、合格祝い、受賞祝い、長寿祝い、社長就任祝いなど、かしこまったパーティーもあれば、桜の花を愛《め》でましょう、いいワインが手に入りましたのでみんなでいただきましょう、などという気軽なパーティーもあります。そのテーマに相応《ふさわ》しく、また相手方の年齢、職業、趣味、おつきあいの度合い、パーティーの形式や規模を考えながら、贈り物の価格や内容を決めます。お祝いの場合は、当日は忙しいでしょうから前もって、お宅に伺ってお渡しするか、宅配便で送るようにしています。

もちろん、到来物を好まない方や、「お祝いの品はくれぐれもお持ちにならないでください」と招待状に記されているときは、お贈りしません。私自身も、当日持ってきていただくと、その対応に時間をとられてしまうので、そう記すことが多いです。

お祝いの品は、新築祝いでしたら鉢植えの観葉植物を選びます。長く楽しめますし、たいていどの様なお部屋にも調和するからです。相手のお家の広さに合わせた大きさで、ポトスなど葉が落ちないものがいいと思います。ポイントは鉢カバー。素敵な形のもので、白か黒のどちらかをお家の雰囲気によって選ぶと、失敗がありません。

気軽なパーティーでしたら、フラワーアレンジメントを持って行くこともあります。どこにでも置けて、パーティーを華やかに彩ってくれるのでいいですよ。芦屋の花屋「アイロニー」（口絵写真）と「ジャックデコ」は、私の大好きな色のお花をとても素敵にアレンジしてくれますので、贈るときはもちろん、パーティーを開くときにも重宝しています。お贈りする相手の好みを考えながら、花器やお花の種類、色、アレンジの仕方などを相談して決めています。

切り花の花束はお贈りしません。私自身、パーティーのときはお料理を作りながら、お客さまが到着されるとホステスとして玄関でお出迎えします。そこで大きな花束を渡されますと、お料理を中断して、大きな重い花瓶を出し、水を入れて見える場所に飾らないといけません。それがどんなに大変か。こんなことがありました。

「百本の赤いバラの花です。奥さまにプレゼントしますので、ぜひ飾ってください。家内の誕生日にも同じものを贈って、大感激してくれました！」

おそらくご自分の家でパーティーを開いたことがないのですね。

また、「有名な店のケーキを買ってきたので、すぐに冷蔵庫に入れてください」などというお土産も困りもの。

「あら、うちの冷蔵（凍）庫は、本日みなさまにお出しするお料理でいっぱい！　それに私なりにデザートを作ってご用意しておりますのよ」

そう言いたいところをぐっとこらえて、

「あら嬉しい、ありがとうございます」

と満面の笑みで受け取ることになります。みんなで持ち寄るホームパーティーで、「デザートを持ってきてくださいね」と言われた場合はもちろんいいのですが、そうでない場合はかえってご迷惑になります。

ちなみに私がよく持っていくお土産は、自分の教室で受注販売している焼き菓子など。常温で置いておけて、日持ちするものを選ぶようにしています。

さて、いざお家に到着したら、ホスト、ホステスにお部屋に通されます。そこは奥さまが趣向を凝らしたセンスあふれるお部屋ですから、新築披露の場合はもちろんのこと、それ以外のパーティーでも、まずは誉《ほ》めるようにしています。テーブルクロスに見事な刺繍《ししゅう》がしてあれば（けっして赤ワインはこぼさないでくださいね）、

「素晴らしいですね。奥さまのお手製ですか？」

棚に飾ってある花瓶が高価そうでしたら、

「これはエミール・ガレの花瓶では。さすがですね！」

といったように。第一印象をさらりと表現すれば、心が伝わり、好感を持たれて、ご主人や奥さまが嬉しそうに説明してくださいます。

キッチンもどうぞ、と見せてくださったら、それはご自慢のキッチンでしょうから、色やセンスを誉めます。調理器具が最新式のＩＨでしたら、「安全で機能的にもいいものですね。うらやましい！」と言い、収納場所を見せてくだされば、その工夫や知恵に感嘆したり、参考にするために質問したりしています。

なぜならば、これはホームパーティーの大事なイベントであり、マナーのひとつだからです。アメリカ人やカナダ人のお家に招待されると、リビングやキッチンはもちろんのこと、夫婦の寝室やバスルームまで、家全体を案内してくれます。私たち日本人はつい戸惑ってしまいますが、これは遠慮せずに絶対に見なければなりません。アメリカ人の男性と結婚した日本人女性の知人の話によると、寝室にはクイーンベッド（またはキングベッド）があり、決してツインベッドではないこと、洗面所にボウル（シンク）が二つあり、毎朝揃って歯磨きをしていることを示して、いかに自分たち夫婦の仲がよいかをアピールしているのだそうです。

　お料理が奥さまの手料理でしたら、いくら誉めても誉めすぎということはありません。でも、やたらと美辞麗句を並べるだけではわざとらしくなり、かえって逆効果。ときどき、質問を入れていくと、興味を持っていることが伝わり、話も弾むというものです。

　一緒に招かれている方との会話も、誉めることから入るとスムーズですよ。

「お洋服の色がきれいですね。よく似合っていらっしゃいますね」

「そのアクセサリーは木でできているのですね。お手製ですか」

　誉められて機嫌が悪くなる方はいませんから、そこから主催者との関係や、住まいの話など、だんだんと打ち解けていくことができます。

　親しい方と少人数のパーティーでしたら、主催者が事前に相客を知らせてくださることもありますが、当日まで相客がまったくわからないこともしばしば。でも、私たちはそのような場合でも、誰がいらっしゃるのかお尋ねしないことにしています。

　なぜなら、招かれている方は、主催者側の考えで選ばれています。ご縁があれば、ずっとおつきあいできる方に巡り合えるかもしれません。期待がふくらみ、より当日が楽しみになるではありませんか。

初めてお会いした方でも、新聞やテレビで仕入れたこと、人に聞いた話など、浅く広く話すと、何かしら共通の話題が見つかるものです。欧米では、建て前は宗教、政治、噂話はタブーとされているようですが、日本ではどうかしら。宗教は話題に上げる人は少ないでしょうから気にしなくてもよさそうですが、政治は国民にとって重大な関心事。無関心ではいけませんから、私は、相手の気持ちを確かめながらゆっくりと話しています。行き過ぎたと思ったら、すぐに別の話題にして。

噂話も、共通の知り合いの話は興味があり、盛り上がったりしますから、差しさわりのない程度ならいいと思います。その知り合いに会ったときに、「この間のパーティーであなたのことが話題にのぼったわよ」と報告できるくらいの内容で。

主催者が作ってくれたせっかくの社交場です。心から楽しい時間にしたいですね。

訪問

少し前までは、人様のお宅にお祝いやお礼の金品を持って行ったり、年始、お盆、暮れのご挨拶の品を持参したりすることが多くありました。レクリエーションが少なかった時代は一種の社交として、楽しみのひとつでもあったようです。しかし、いまは何かと忙しい時代ですから、宅配便にお手紙を添えてお送りするケースが多いようですね。

でも、そんな時代だからこそ、結婚報告や仲人へのお礼、年末年始の挨拶などで、お祝いやお礼の金品を持ってわざわざ訪ねて行ったら、相手は嬉しく感じるのではないかしら。芦屋にはそのようなしきたりがまだ残っています。

訪問するときは、まず電話で相手のご都合をうかがいますが、朝早くや夕方の忙しい時間、食事の時間は避けるようにしています。先方がぜひその時間に、とおっしゃったら別ですが、午前十時〜十一時頃、午後なら一時〜三時頃がよいのではないでしょうか。もし「お食事をご一緒にいかがですか?」と聞かれたら、一度は辞退しますが、再度お誘いがあれば、私は「ありがとうございます。そうおっしゃってくださるのであれば、喜んでお言葉に甘えさせていただきます」と申します。地方によっては、三度お誘いがなければ受けてはいけないというところもあるようですが、芦屋に住む方々と以前そのようなお話をしたとき、たいていの人は、せっかくのご好意を何度もお断りするのも失礼なので、二度目にはお受けするとのことでした。

いよいよ訪問の日。訪れたお宅の玄関のインターホンを押すのは、どのタイミングがよいでしょうか。私は娘時代から表千家の流派で茶道を学んでいて、マナーの多くは茶道を基準に考えています。しかし、茶道は歴史が古く、いまの時代では受け入れられないこともあります。

お茶事に伺うときは、始まる時間よりずいぶん早くに玄関に着くのが作法。玄関には打ち水がしてあり、戸のカギが外れていれば、亭主側の「用意が整いました。どうぞお入りください」という合図です。日本人の奥ゆかしさの表れですが、実生活ではあんまり早く来られたら慌ててしまいます。

いまだったら約束から二〜三分過ぎたぐらいがいいのではないかしら。私自身、時間より前だと準備ができていないことがありますので、「ちょっと過ぎた」くらいの時間が一番嬉しく、こちらの状況をよく考えてくれているなと思います。

コートを着ていたら、インターホンを押す前にコートを脱ぎ、裏地を表にして軽く畳んで、身支度を整えてからベルを鳴らします。外の埃を家の中に撒《ま》き散らさないようにするという配慮です。コートの中の服装は、ミニスカートは美しくありませんね。和室で正座をすることになったら、スカートが上がってしまいますから。思ったよりもスカートが上がってしまったときは、ハンカチを広げて膝の上にかけるようにしています。

着物の場合は季節に合わせ、夏は夏用の、冬には冬用の道行きコートを着ます。やはり外の汚れをお茶室に持ち込まないように、という茶道の作法からきているのですが、私の祖母は、「コートを着ずに外を歩くのは、『帯出し』といって舞妓さんや芸者さんなど玄人のすること。素人の奥さまがすることではありません」とよく言っていました。お茶会では大き目の風呂敷を持参して、コート、荷物などを玄関の横の部屋でひとまとめに包んで預かっていただき、数奇屋袋（お茶会で必要な懐紙、袱紗、黒文字などを入れておく着物用のセカンドバッグ）のみを持ってお茶室に入ります。

私がとても気になっているのが、玄関に通されて靴を脱ぐとき。靴をそのまま揃えられるように、最初から後ろ向きになって脱いでいる方がいらっしゃいますが、お上品ではありませんね。本来は玄関の上がり口に向かって前向きで脱いで上がり、上がってから膝をついて横向きになって靴（または草履）を揃えるのが、日本女性の美しい作法です。近頃よく目にするのは、上がり口から離れたところで、横向きに靴を脱いで上がっていらっしゃる方。玄関の土間を歩くことになり、汚れた靴下でスリッパを履くか、そのまま家に上がることになりますので、衛生的ではありません。そのうえ、そのようなところに靴を置かれますと、家の方はほうっておくわけにはいきません。かえって上がり口に揃える手間がかかってしまいます。

なお、主人と二人でお邪魔するときは、主人に先に上がってもらって、後から靴を脱いだ私が、まず主人の靴を揃え、その後に自分の靴も揃えるようにしています。お料理屋さんやお茶会などで下足番がいるところでは、「どうぞそのままお上がりください」と声がかかりますので、履き物を脱いでから、「お願いね」と言ってそのまま進みます。

お部屋に通されましたら、和室でしたら座布団ではなく、入り口に近いところに座って、家のご主人がいらっしゃるのを待ちます。敷居や畳の縁を踏まないように気をつけて。

ご主人が入って来られたらご挨拶して、手土産がある場合はここで渡します。結婚のお祝いなどの場合は、膝の横に品物を置いておき、ご主人がお座りになったら、ご主人に向けて置き、「おめでとうございます」とお祝いの言葉を述べながら差し出します。座布団に座っていいのはこの後。「どうぞお座布団をお当てください」と言われたら、座ったままにじり上がります。ちなみに、座布団は置き方が決まっていて、輪（縫い目のないところ）が正面（膝が当たるところ）になります。

洋室に通された場合は、大きなお宅では入り口に近いほうにソファが置いてあることが多いので、そこに座って待ちます。

お菓子とお茶が出されたら、「頂戴いたします」と言って、いただきます。私もお客さまがお茶とお菓子に手をつけてくださるとほっとして嬉しいので、自分でもいただくようにしています。茶道では、出された茶菓子は残さずいただき、食事においては食べた後のお皿は懐紙ですべて拭かなければなりません。もしお菓子をいただくのが負担なときは、お茶だけいただいて、和菓子でしたら懐紙で包んでバッグに入れるようにしています。これはお茶事のときだけでなく、ふだんの訪問でも同じです。

訪問で一番難しいのが、辞去を切り出すタイミング。楽しくお話が弾んでいたら、なおさらです。とくに相手が目上の方でしたら、自分から帰りたいという意思表示をすることは失礼にあたるのではないかと思ってしまいます。でも、切り出すのは、年齢や立場に関係なく、どんな場合でも訪問した側です。お客さまを迎えるほうは、「もうそろそろ……」などと追い出すようなことは言えませんから。

私は、もう少しお話ししていたいと思うくらいの、よい雰囲気の頃に失礼します。だいたい一時間ほど、親しい方のお宅でも一時間半くらいを目安に。ご結婚のお祝いに上がったときなどは、相客がいらっしゃる場合もありますので、この限りではなく早めに失礼します。

お出かけ

旅行をするとき、私は準備にとても時間がかかります。というのも、旅行の準備をしていると、必ず掃除を始めてしまうのです。スーツケースに洋服を詰めましょうと、クローゼットを開けると乱れが気になって、整理しだします。それを発端に家中を大掃除。旅行から帰ってきたときに、部屋が汚れているのが嫌なのです。きれいに片付いていたら、気持ちがよくて、旅の疲れも癒されます。

荷物が多いことも準備に時間がかかる原因のひとつ。ちょっと外出するときでも、お財布、ハンカチ、ティッシュ、化粧ポーチ、歯ブラシ、マスク、小腹がすいたときのお菓子、便座クリーナー、着替えるときのフェイスカバー、タクシーに乗ったときに頭部に当てるシート……。ざっと考えても、これだけ揃えないと気がすみません。

阪神・淡路大震災に遭ってからは、どこに行くにも化粧ポーチと歯ブラシ、お財布、携帯電話は持ち歩くようになりました。ホテルの部屋から下のロビーに降りるような短い時間でも必ず。災害に見舞われて、万が一部屋に戻れなくなったときに、お金や身の回りを整えるものがないと困ってしまいますから。

そんな私を見て友人は、「どうしてご主人を待たせてまで、時間をかけてきれいにして行くの？」と言いますが、怒らず急《せ》かさず待っていてくれる主人だからこそ、帰ってきたときにゆっくりしてもらえるよう、掃除をしてしまうのでしょうね。

海外旅行をすると、欧米人は礼儀正しく親切だと感じます。目が合うとニコッとしたり声をかけてきたりと愛想のよい人が多いようです。体がぶつかれば謝るのはもちろん、ぶつかりそうになるとさっと身を引いて「エクスキューズミー」「パルドン」と言って道を譲ってくれます。こちらが先に譲れば、相手はニコッと笑って「サンキュー」と言って通りますが、それは稀《まれ》です。なぜなら、ほとんどの場合、先に道を空けてくれるからです。エレベーターも、乗るのも降りるのも先に譲ってくれます。

それが日本では残念なことに、駅や地下街、百貨店など、混んでいるところでよく人と体が当たります。でも、ほとんどの人が知らん顔。向こうが悪くても、当たったのでこちらから「ごめんなさい」と言っても知らん顔です。行き違うとき、ぶつかりそうになっても道を譲らない人が多く、まるで私の存在が無視されているようです。

体と体でしたらまだいいのですが、危険なのは押して開ける重いガラスのドア。後ろから人が来ているかどうかも確かめないで、自分が通れるだけの幅を押して入ってパッと手を離してしまう人がいます。続く私は注意をしていないと顔にドアが当たってしまいます。確かにドアが重いと大変ですが、この年齢の私でも後ろに続く人がいたら、ドアを開けたまま待っています。でも、めったにお礼を言われません。それどころか、私がドアを押して入ろうとすると、その横をさっとすり抜けていく人がいます。私はあっけにとられてしまいますが、多くがきれいに着飾った若い女性です。

でも芦屋では多少雰囲気が違います。体がぶつかりそうになったり当たったりしますと、「ごめんなさい」と謝ったり、エレベーターで荷物を持っている私を先に降ろしてくれたりと、やさしい方が多いようでほっとします。どんなにきれいに着飾っていても、こうした思いやり、心遣いのある振る舞いができないと台無しですね。

子ども連れでのお出かけも、気遣うべきことがいろいろあります。小さな子どもをレストランで長時間座らせるのはかわいそうですから、孫たちと外食するときは個室にすることは、前に書きました。そのほかにも我が家では、子どもが小さかった頃、夕方に外食に行くときは、お昼ご飯の後に少し昼寝をさせたら、みんなで公園に行きました。そこで遊ばせて適度にエネルギーを消耗させます。それから一度帰って、体をきれいにし、お洋服を着替えて出かけます。そうすると、あまり走り回ることもありません。

乗り物に乗るときは、とくに気を遣いました。好きな本を見せたり、パズルをさせたり、女の子にはぬいぐるみを抱かせたり……。長男を初めて飛行機に乗せたときのことは未だに記憶しています。主人と三人で乗ったのですが、始めは大はしゃぎ。窓から外を見て、「ボクもあんなヒコーキに乗りたい！」と言うので、「あなたもヒコーキに乗っているのよ」などと笑っていました。ですが、離陸したら突然大声をあげて泣き出し、なだめても主人と二人で抱きしめてもダメ。着くまで泣き通しでした。「うるさいなぁ」という声も聞こえてきて……。ふだんはそんなに泣く子ではなかったので、いま思えば気圧の関係で耳か体か、どこかの調子がよくなかったのでしょう。

そういう場合、欧米では眠くなる薬を飲ませるそうです。子ども用の軽い睡眠薬をお医者さんに処方してもらえるのだとか。私の娘たちも、孫を連れて国際線の飛行機に乗るときは、そのような効果のある薬（鼻水を止める薬も眠くなるものがあるようです）を持っているそうです。「使ったことはないけれど、持っていると安心」と言っています。

子どもが騒いだり泣いたりしても、当然という顔や知らん顔をしているお母さんは困りものです。でも、子どもは泣くのが仕事。そのような状況に遭遇しても、お母さんが周囲に迷惑がかからないよう奮闘していたなら、暖かい目で見守って「大丈夫ですよ」と声をかけてあげたいものですね。

身だしなみ

母は、身だしなみがとてもきちんとした人でした。台所に立つときもよく着物を着て、白い割烹着をつけていたのを思い出します。子ども心に、きれいに身なりを整えて食事の用意をする母の姿がとても好きでしたので、私も自然と身なりを整えて台所に立つようになったのです。なかなか着物というわけにはいきませんので、エレガントで着心地のよいマキシドレスに、白いシンプルなエプロンをつけるのが、夕食の準備の姿になっています。

この柄物ではなく、シンプルな白いエプロンというのが、探すと意外に見つからないもの。三越や髙島屋などのデパートや、ＪＲ芦屋駅前にある雑貨店「インテリアート」でたまに見つけると、ブランドを問わず買うようにしています。

その母が、いつも言っていたことがあります。

「ブランド物より、宝石を買いなさい」

何十万円もする洋服やハンドバッグを買っても、その価値はすぐに下がってしまい、何年か経つとなんの値打ちもなくなってしまいます。それならば、お金を貯めて、たとえ小さくても宝石を買ったほうがいいと、母は言うのです。

「宝石は価値が下がりません。またお金が貯まったら、その宝石に貯金を足してより大きな宝石を買えば、それはやがて資産になります」

いまだけを見るのではなく、先を考える。おしゃれにも〝投資〟が必要だということです。ですから、私はふだん着においては、ブランド物を着ることがほとんどありません。そもそも、大量生産された安いものが、他人と同じなのは致し方ありませんが、何十万円も出して買ったブランドバッグを、誰々も持っているというのは、あまり気分のよいものではありません。お金を出すのでしたら、他人が持っていないもの、見たこともないものでなくっちゃ！

若い女性ならなおさらのことです。ときおり、ブランド物で身を固めている若い女性を見かけますが、なんともったいないことでしょう。若いことは、それだけで美しく、飾らなくとも充分に魅力的です。それが、ブランド物の服を着たり、バッグを持ったりすることで半減してしまうのがわからないのかしら……。高価なブランド物は、着こなしが難しいので、本人よりお洋服や持ち物のほうが目立ってしまい、まるでブランド物が歩いているようです。ロゴでも付いていたら、広告してさしあげているようなもの。広告費をいただいてもいいくらいですよ。

ただし、公の場ではその限りではありません。ＴＰＯに合わせて「身だしなみ」を完成させるという意味では、少し高価な洋服や宝石を身に付けることは、相手に対する礼儀でもあるからです。「身だしなみ」という言葉を辞書で調べてみますと、「頭髪や服装を整え、態度をきちんとして人に不快な感じを与えないようにする心掛け」（『国語大辞典言泉』）とありました。

錚々《そうそう》たるメンバーが集まるときは、簡素なものではどうしても気おくれがしますので、豪華な装いを選びます。初めての人とお会いするとき、仕事で自分をきちんと見せたいときも、少し高価で派手目の服にします。私は芦田淳さんのデザインしたものや、「銀座マギー」の洋服が多いかしら。

会社関連のパーティーや親戚の結婚式など、もっとも身だしなみをきちんとする必要のある場所へは、着物を着ていきますね。日本人にとっての正装ですから、相手をうやまったこれ以上の身だしなみはありません。

私は、嫁入りのときに格の高い着物にはすべて、「女紋」を入れてもらいました。これは家紋のひとつなのですが、女性が着物を作るとき、曾祖母、祖母、母と続く母系の紋を入れ、娘にも伝えていく習慣があります。女性は嫁入りすると家紋が変わりますが、年頃の娘は結婚相手が決まる前からよい着物に出会ったら買い揃えていくため、女紋を入れるのです。結婚してから着物を作るとき、どちらの紋を入れるかは人それぞれですが、私の場合は娘たちに譲りたい着物には女紋を、江崎家に伝えたいものには江崎の家紋を入れて、誂《あつら》えています。

パーティーでも、ホステスの立場のときはまた違います。パーティーには、外国からのお客さまもいらっしゃいます。長旅ですから、皺にならないような簡易なドレスが多いでしょうし、アクセサリーや靴、バッグなども高級品をお持ちになれないでしょう。そのような姿で招待を受けたお宅に訪問したときに、ホステスが豪華なドレスで、上等の宝石やアクセサリーを身に付けて出迎えでもしたら、お客さまは肩身の狭い思いをするのではないでしょうか。そう考えて、外国からのお客さまがいらっしゃるパーティーのホステスを務めるときは、高級ブランドのドレスはほとんど着ませんし、高価なアクセサリーや宝石も、あまり付けないようにしています。

ただ、年齢を重ねると、きれいな色のほうが顔が映えますので、色はサーモンピンクやブルーなどを選ぶようにしています。お料理を作ったり、サーブをしたりする場合は動きやすくなければなりませんから、カーディガンを着ることが多いですね。でもパーティーに合う、フリルがついた華やかなものです。人に不快感を与えない、つまり、相手を思いやることが、身だしなみには大切なのですから。

おしゃれ

私のおしゃれは二〇〇八年頃に劇的に変わりました。上の娘が結婚するときに、「お母さまのお洋服は、よく似合っているし、とても素敵で上品だけれど、だんだん『おばさん』ぽくなってきているから、もう少し若い人向けのお店に行ったら？」という言葉を置き土産にくれたからです。

上品な方が多い街ですから、嫁入り前の娘がいた頃は、いいご縁を台無しにしないようにと、周囲の目を気にして、服装はもちろん、言動も控えめにするように心がけていました。ですが、二人の娘が結婚し、しかもその娘からのアドバイスを受けたことで、おしゃれに対する意識が変わったのです。

いま、よく行くのは、大阪・梅田にあるファッションビル「ルクア」内のお店。二十代の女性たちが買うところですが、若い店員さんとお友だちになって、私に似合う服をコーディネートしてもらっています。あるとき、そのお店で揃えた装いで娘たちに会いましたら、

「お母さま、その装い素敵だけれど、どこで買ったの？」

と驚いた顔で聞いてきます。買ったお店を伝えますと、

「へぇ～、お母さま、あのような若い子が行くお店で買ってらっしゃるのね。私たちでも行かないのに」

と言うのです。

「上下（トップ・ボトム）で一万円もしなかったのよ」

私は鼻高々。娘たちの尊敬の眼差し（私がそう思っているだけかもしれませんが）を一身に受け、得意になったものです。

関西の人間にとって、趣味のいいものをお安く買うことは一種の誇り。たとえば、宝石や美術品などの高価なものでも東京の人は値段交渉せずに買うそうですが、関西では値段交渉は常識です。商人の街らしいといいますか、いかにお金をかけずに、いいものを手に入れるかが重要なのです。工事費なども交渉しますよ。

娘たちに誉められ、しかも私が若い人と同じ格好をしているのが珍しいのか、他のお店の店員さんも「お客さま、素敵！　オーラが見えます！」などと言ってくれたりしますので、つい嬉しくなって、イソイソと通っています。若々しい服を着ると、気持ちも若返るから不思議なものです。ちなみに、「組曲」「エポカ」「トゥー ビー シック」「コトゥー」などでよく買います。

一方、熟年層の洋服を売っているお店に入りますと、ベテラン風の店員さんに上から下、後ろ姿までしっかりと観察されてしまいます。うっかり目が合うと気まずいですし、あの雰囲気は好きになれません。以前、私の母が言っていました。

「デパートで買い物をするときは、自分の持っている中で一番履き慣れた古い靴を履いていきなさい。そうすると、店員さんが誰も声をかけてこないわよ」

以前、夜の会食の前にデパートに寄ったら、仕立てのいいお洋服にとびきりの靴を履いていたため、いいお客さまだと思ったのか「お客さま、これはいかがですか？」と店員さんがひっきりなしに聞いてきて、閉口したというのです。

それから、私もローヒールの古い靴を履くようにしましたら、やたらと店員さんに声をかけられるようなことは少なくなりました。ベテランの店員さんが、足元で人となりを判断するというのは本当なのですね。私はお洋服を買うときに、「同じような物を持っていなかったかしら（買って帰ったら家に似たような服があった、ということが何回あったことか）」とか、「手持ちの服と組み合わせられるか」「顔映りはいいか」「すぐに流行遅れにならないか」「洗濯は家でできるか」と、いろいろ考えながら見ていますので、一人でゆっくりと品定めさせてほしいのです。色やサイズなど、尋ねたいときはこちらから声をかけますから。

お店に入ったら、まず色をチェック。自分に似合うトーンのお洋服がない場合は、「ありがとう」と言ってすぐに出ます。好きな色や流行の色と、自分が似合う色は違うもの。秋になると、洋服屋さん全体がシックで落ち着いた色合いになりますが、私にはこうした色の服は似合いません。ボルドーや深緑、枯れ葉の茶色などとても素敵な色なのに、着ると肌がくすんで見えてしまう。白いインナーを着れば明るくはなるのですが、シックな色に白を持ってくると、そこだけ浮き上がってしまいます。こういう色は、肌の色が白い、ブロンドの髪の西洋人が似合うのではないかしら。

ですから、私は茶系の洋服やハンドバッグ、靴はひとつも持っていません。髪も瞳の色も眉も茶色なので、似合ってもよさそうなのですが、残念ながらダメなのです。

私に似合うのは鮮やかではっきりした色。若い頃は、ブルーが大好きで、自分でも似合うと思っていましたので、洋服の八割はブルーでした。その後、明るめのモスグリーンを着た時期もありましたが、いまはピンク系です。年齢を重ねたからか、寒色系は寂しく感じるようになり、ピンク系がとって代わりました。ピンク色のお洋服を着て鏡の前に立つと、顔がパッと明るくなりますし、一緒に出かけようと待っている主人の顔も心なしか嬉しそうに見えます。

自分に似合う色は、鏡に映したときに「魅力的に見えるかどうか」で判断しています。年齢とともに変わるので、いつも、鏡に向かって確かめています。

　また、私の場合、襟はスタンドカラーと決めています。首が長いのであまり見せたくないのと、日焼け防止、そしてなにより首回りが冷えると体調を崩しがちなので、首を冷やさないためです。それにスーツやワンピースの場合は、上半身にボリュームが出て、豊かに見えます。スタンドカラーは高いほどいいですね。

　ボトムは、ひざ下丈くらいの短めの「サブリナパンツ」や「スパッツ」、細身のジーンズが大好きです。色は白と黒とグレーの三色。このモノトーンの基本色をベースにすれば、華やかな色や柄のチュニック丈のブラウスやジャケット、カーディガンなどを合わせても、失敗がありません。着まわしがきくので、洋服の数が少なくてすみますし、とくに旅行のときは便利ですよ。

　それからメイク。友人たちや生徒さんから「ファンデーションは何を使ってらっしゃるの?」と、よく聞かれますが、実は使っていません。ファンデーションを塗ると肌が荒れるばかりか、よけいにシワが目立つような気がするので、下地クリームだけを塗るようにしています。

　でも、そのためには素肌をきれいに保たなければなりませんので、老化を促す紫外線は徹底的に避けています。それも母の影響。母は太陽の光を直接浴びないように、外ではつねに日傘を差していましたので、年をとってもシワがなく、真っ白でとても美しかったのです。私も母にならい、日焼け止めクリーム、帽子、長い綿の手袋を、いつもハンドバッグに入れています。

週一～二回は美白パックもしていますよ。でも、エステではなく、自分でできるお手軽なタイプのもの。江崎グリコが世界で初めて量産化に成功した「α-アルブチン」という物質が、美白にとても効果があるというので、それが入ったＤＨＣの「アルファＡホワイトマスク」や、久光製薬の「透明肌」などのパックシートを使ってケアしています。自社の研究成果や製品の効果が実感できることは、二重の喜びでもありますね。

香り

私が主宰するお料理教室でのことです。いつものように、生徒さんのお顔を見ながら、その日に作る料理のレシピを手渡しておりますと、生徒さんの一人から、

「先生、先生のこの香りは何という香水ですか?」

と聞かれました。教室のときは、料理の味を邪魔しないよう、とくに控えめにつけていたつもりでしたので、「あっ、香水をつけ過ぎたかしら……」とドキッとして、

「ごめんなさい。少しきつかったかしら」

慌ててそうお伝えすると、その生徒さんはこうおっしゃいました。

「いいえ。とてもやさしく素敵な香りなので、お教室にもぴったりだと思いまして。私もつけたいので、香水の名前を教えていただけませんか?」

ほっとした私は、

「あら、どうもありがとう。これはシャネルですの。ココ……だったと思います」

とお答えしました。

このときは、その生徒さんも好きな香りでしたからよかったのですが、香りのおし

ゃれはとても難しいと感じます。

私は香水が大好きで、たくさんの種類の香水を持っています。よく使うのは、「シャネル」の「チャンス」「ココ マドモアゼル」「ココ」、「ロシャス」の「ビザーンス」など。とりわけココ マドモアゼルはやさしく甘い香りで、持ち歩けるスプレータイプもありますので、料理教室のときや人に会うときなど、日常的によく使っています。ブルーの瓶のビザーンスは、リリーとジャスミン、アンバーとムスクを配合した大人の香りですので、主人と夕食に出かけるなど、ちょっと特別なときに（これは残念ながら生産中止になってしまいました）。ＴＰＯや気分によっていろいろ使い分けています。

プライベートでワインサロンを開いているゲストハウスには、私だけの化粧室がありますが、その壁のタイルは香水瓶の模様にしました。そこに本物の香水瓶をいくつか飾り、その日の気分で選んだ香水のフタを少し開けては、香りを楽しんでいます。こんなに香りが好きなのは、私の父が香料会社を経営していたことが、大きく影響しているのでしょう（いまでもその会社は存続しています）。私が小さい頃、両親はときどき南フランスのニースやグラースをはじめ、ヨーロッパに出かけては、市販されていない香りのサンプルをお土産に持ち帰ってくれました。サンプルのため美しい瓶には入っていなかったのですが、この「不思議な水」は幼心にとても嬉しいお土産だったのです。子どもでしたから、体につけることは許されませんでしたが、細長い白い紙をいくつか作り、それぞれの香水をつけて香りの違いを感じたり、フタを開けて部屋に漂う香りを楽しんだりと、小さな頃から香りに包まれた生活をしていました。

そうした体験から、よい香りに包まれますと体がフワフワ浮いてくるような感じで、リラックスしてとても幸せな気分になり、ストレスも解消されます。

でも、やはりつけ過ぎには気を付けなければなりませんね。いつも同じ香りに包まれていますと、嗅覚が麻痺してきて、自分では香りの強さに気付かなくなり、周囲の人に迷惑をかけていることがあります。また、香りの好みは人によって異なりますので、自分ではよい香りだと思っても、他の人にとっては気分が悪くなるものかもしれません。ですから、私は香水を人にプレゼントしたことがありません。

以前、このようなことがありました。子どもたちが三人とも学校に行くようになり、時間ができたので、調理師専門学校の専攻科に通い始めたときのことです。

いつもは小さなスプレー式の容器に入った香水を、出かける少し前にシュッと吹きつけます。香りが足りない場合は外出先でもつけ足せるよう、容器をハンドバッグに忍ばせていきます。ところが、その日に限ってスプレー式の容器が見当たらず、時間もなかったので、大きな香水の瓶をそのままハンドバッグに入れて出かけたのです。

私は、香水はいつも少しだけつけるのですが、風邪を引いてお風呂に入れなかったり、時間がなくてシャンプーができなかったりした日の翌日は、ちょっとだけ多くつけるようにしています。その日もシャンプーができず、フランス料理実習の前にエチケットとしてつけ足そうとしたところ、香水の瓶のフタを取った弾みで、腕に雫をポタリと落としてしまったのです。慌ててハンカチで腕を拭き、水と石鹸でゴシゴシ洗いましたが、香りはとても強く、何度洗っても取れません。

こんなに強い香りではご迷惑をおかけしてしまう……と授業を休もうかとも思いましたが、勇気を出して先生にことの成り行きを話すと、幸い直接指先にはついていなかったことと、先生がフランス人の男性で香水に理解があったのでしょう、「だいじょうぶ。早くコックコートに着がえなさい」と日本語でおっしゃってくださいました。でも、料理を上回る香りではなかったかしら、同じクラスの人に申し訳なかったわ、と随分年月が経ったいまでも身が縮む思いです。

その事件以来、香りのつけ方を考えました。おすすめは、スプレータイプの香水を空中にパッとひと吹きし、細かい粒子が舞い落ちるところをさっとくぐるという方法です。くぐる時間の長さを変えることで、香りの強さも微調整することができます。

贈答～お中元・お歳暮～

少し前のお話ですが、ある有名人が随分年下の女性と結婚して話題になりました。何年かして離婚するというので、「やっぱり歳の差が原因ね」と思ったのですが、その女性は理由を尋ねられて、「家に贈られてくるたくさんのお中元やお歳暮などの贈答品やプレゼントが原因です。その処理が大変すぎて……」という意味のことを言ったのです。それを聞いて、芦屋に住む私の友人たちは口を揃えてこう言いました。

「それが原因なら、私たちは何回離婚しなければならないのでしょう」

私も、「本当ね～」と心から賛同しました。このお中元・お歳暮というしきたり、私は正直なところ、「本当に、いらないです」と言いたい。会社関係のお中元・お歳暮は、自社で力を入れて作っている商品や、新しい商品をお贈りくださることが多いので、その会社の様子がわかって楽しみなのですが、それ以外のものは……。

結婚した頃、暮れになると新巻き鮭が二～三尾、主人の祖父にと鯛と鰤《ぶり》がそれぞれ一尾ずつ届いていました。どれも四十センチ以上あります。以前は義母が魚屋さんに下ろしてもらっていたそうですが、嫁入りしてからは私が下ろすことに。二十年近く続けたでしょうか。鮭は身がやわらかくて下ろしにくく、逆に鯛は身がしっかりしていて骨が硬いので、アラ炊きをしようと思うと、出刃包丁の背を金槌で叩かないと骨が切れません。鰤は脂が多くてベタベタになります。主人の実家の寒い台所でひとり、冷たい水で手を洗いながら下ろしていて、思わず涙が出てきた記憶もあります。

そんな辛い思いをして下ろした魚を冷凍しても、毎日となると家族も飽きてしまいます。子どもたちにも「また魚なの〜」と言われて、結局食べるのは私だけ。

魚だけでなく、体に良くなさそうな霜降りの白っぽい牛肉など、いただいても冷蔵庫に入りきらず、生鮮食品ですから早めに食べなければなりません。ほかにも、缶詰、瓶詰などの食料品、花瓶、置物、電化製品、食器、毛布、タオル……などなど。親戚や近所におすそ分けすればいいと思うかもしれませんが、いらないものを差し上げても、かえって気を遣わせるだけでしょう。

先の友人の一人も、業務用の特大サイズと外国製の大きなサイズの二台の冷蔵庫がありましたが、七月になると毎日いくつもいくつも冷蔵品、冷凍品が届いて入りきらないので、さらにもう一台買ってガレージに置いたそうです。

「それでも、夏は三台ともすぐ満杯になってしまうの」

そう嘆いていました。真夏や真冬に、一日に何回も勝手口に出て受け取る作業も大変です。その時期にあまりにインターホンが鳴るので、落ち着いて仕事ができないと、通いのお手伝いさんにやめられてしまって、七月と十二月は旅行にも出かけられないとか。やっとの思いで冷蔵庫に詰め込んでも、夫婦お二人ですからさほど食べられず、

「嬉しいのは果物類と松茸ぐらい。ほかはすべて処分してしまうのよ」

と言っていました。お気持ちがよくわかります。食料品は処分せざるを得ませんが、それ以外のものは私は子どもの母校のバザーに出しています。どこかで役立ててもらえれば嬉しいですし、せっかくいただいたものをムダにしてしまったという罪の意識からも少し逃れられます。

余談ですが、この原稿を書いているときに、たまたま女優の樹木希林さんのトーク番組を見ました。家に物がたまるのが好きではないので、人からの贈り物はすべてお断りするそうです。司会者が、「この番組が終わったら花束を贈呈するつもりなんですが……」と言うと、「花なんかいりません。現金をください」とおっしゃっていました。彼女だから言える言葉でしょう。

ただ、ある知人からのお中元・お歳暮だけは、とても楽しみにしています。もう十年以上になりますが、毎回私の好きなイタリアの食器「リチャード ジノリ」の「ベッキオ ホワイト」シリーズを贈ってくださいます。毎年少しずつシリーズが増え

て、大変重宝しています。相手の好みを調べて贈るのならよいのかもしれません。ちょっとユニークな意味では、宝くじもいいですね。というのも、お中元・お歳暮ではありませんが、以前、私たち夫婦とあと二組の夫婦を旅行に招待してくださった友人がいて、そのお礼に宝くじをプレゼントしたことがあるのです。

その方の奥さまも「到来物って困るわね」とおっしゃっていたので、お礼の品を迷っていたところ、売り上げの一部を東日本大震災の義援金として寄付するという宝くじを見つけました。一緒にお礼をする方々に提案しましたら、「残らないのがいい。運よく当たればウン億円ですし、だめでも人助けになるのでいいですね」と、大賛成してくださいました。通し番号でしたので少しは当たったと思いますが、残念ながら一等はなかったようです。でも、寄付の話を聞いて友人夫婦も喜んでくれました。

お中元やお歳暮は、相手が心から喜んでくださる品でなければ贈る必要はないと私は思います。ただ、日本の場合、それがお店や百貨店の商戦になっている部分もあるので、みんながやめてしまうと経済に悪い影響が出ます。ですから、商品を選べる商品券などがいいかもしれません。冷蔵庫を三台持っている先の友人も言います。

「実は、私がいただいて一番嬉しいのは百貨店の商品券。たとえ一枚でも食品や品物よりずっとありがたいわ」

謝礼

病気やケガで入院すると、お医者さんや看護師さんにとてもお世話になるので、お礼がしたいと思います。ですが、病院の方針などで断られることも多くて……。

私が三人目の子どもを産むとき、早産になりそうで三ヵ月入院しました。とても難しい状況だったのですが、お医者さんに恵まれて、幸運にも母子ともに無事で出産できました。命を助けていただいたのが、ほんとうにありがたくて、特別な思いで主人と二人、お医者さんに謝礼を持って行ったのです。

一度は受け取ってくださったのですが、その日のうちに家にいらっしゃって、「報酬は充分にもらっています」と返されてしまいました。若い私たちは、お礼が多いぶんだけ気持ちが通じると思っていたのですが、そうではなかったのです。

知人も、ある大学病院で難しい手術を受けて成功し、無事に退院できたので、感謝と今後もお世話になる意を込めて、多めに謝礼を渡したそうです。失礼ではなかったかと心配したそうですが、「過分のお礼をありがとうございました。ありがたく、大学病院の研究費として使わせていただきます」と受け取ってくださり、ひと安心したということでした。謝礼は本当に難しいですね。

謝礼の金額に目安はありません。病院の看護師さんの場合でしたら、入院期間の長さや待遇でその都度決め、退院のときに菓子折りか果物を「台」にし、謝礼と書いた熨斗袋に新札を入れて、師長さんに持っていきます。このとき、怯《ひる》んではいけません。「お世話になりまして、ありがとうございました。（実際はたくさん入っていても）ほんのお礼の気持ちです。どうぞみなさんで召し上がってください」

感謝の言葉を述べながら、菓子折りを差し出し、受け取ってもらわなければ困るという気迫で渡します。こうしますと、たいていの場合は受け取ってもらえます。ちなみに、「台」というのは、お金だけだと失礼なので、果物やお菓子などを台座代わりにして渡すことからきているようです。

チップについては、海外はチップの習慣がある国が多いので、気を遣わなくてラクですね。相場も決まっていて、レストランだと、たいてい料金の一五〜二〇パーセントくらいでしょうか。ホテルもチップが必要。ベッドメイキングの人には枕の下に、タオルなどを別途持ってきてくれたハウスキーパーや、荷物を運んでくれたベルスタッフにもチップを渡します。タクシーに乗ったとき、荷物が多ければ、運転手にプラスして払います。チップが必要な場所がたくさんあってわずらわしいとは思っても、相手も慣れているので、上手に受け取ってくれます。

日本でも、料亭と日本旅館は快く受け取ってくれますね。料亭で特別な接待があるときは、前もって、または当日早めに行って、点袋《ぽちぶくろ》に入れた謝礼を「今日は大切なお客さまですのでよろしくお願いします。みなさんでどうぞ」と渡します。菓子折りのときもありますが、いずれも「承知しました。お心遣いありがとうございます」と受け取ってもらえます。日本旅館の場合は、部屋付きの係の女性に、やはり点袋に入れた新札を「お世話になります」と言って渡します。夫婦二人であればだいたい五千円、特別室の場合は一万円ほどでしょうか。孫たちと泊まる場合は、騒いだり、お料理やお布団などを別に頼んだり、粗相があったりして手がかかることもありますので、やはり一万円ほど包みます。旅館ではいままで一度も断られたことはありません。

ですが、結婚披露宴での「心付け」は一苦労です。子どもの結婚披露宴のときのこと。主人はとても忙しいので私もできることは手伝いましょうと、「心付け係」を引き受けました。早くからご祝儀袋を用意し、金額を決めて新札を入れ、渡す相手を間違ってはいけないので、司会者、ホテル・美容室のスタッフ、受付係、カメラマン、車の運転手……と書いた付箋を貼りつけて、バッグに入れて準備したのです。

当日、美容室では家族だけでなく、親戚や友人たちがメイクやヘアーセット、着付けなどでお世話になりました。私の身支度が完璧に整い、満足して受付で費用の明細書にサインをして、「お世話になりました。私たちの気持ちです。みなさんでどうぞ」とご祝儀袋をバッグから取り出して、責任者と思われる人に笑顔で差し出しました。すると、スタッフが一瞬シーンとなり、責任者がこう言ったのです。

「このようなことは困ります。料金は充分いただいています。ホテルの規則ですのでご祝儀はいただけません」

お祝いの席ですし、当然受け取ってもらえると思っていたので驚いて、

「そうおっしゃらずに。このようなときですし、大したこともしておりません」

と言いましても、「もし受け取ったら、このホテルで営業できません」とまで言われて、手を引っ込めないわけにはいきませんでした。

別の子どものときのホテルでは快く「おめでとうございます」と言って受け取ってくれたのに……。この一件にショックを受けた私は、そのときにホテル以外の関係者に心付けを渡すのをすっかり忘れて、家に帰ってからハンドバッグを開け、残っているご祝儀袋を見てアッと声を上げてしまったのです。

ありがたかった、嬉しかったから、なにかして差し上げたいという気持ち、せめておめでたい席では受け取ってくださったらよいのに。

手紙

最近は何でもメールですませるケースが多くなりました。たしかにメールはスピーディーで便利ですから、私も家族へのちょっとした連絡や、仕事で急ぎの返事が必要なときなどは、メールを利用することもあります。でも、やはり気持ちを表す類《たぐい》のものは、直筆の手紙のほうがいただいたとき数倍嬉しいですし、気持ちが伝わると思うので、できるだけ手紙を書くようにしています。

どのようなときに手紙を書くのかといいますと、贈り物をいただいたり、パーティー・会食にご招待いただいたりしたときの「お礼」、贈り物に同封する「送り状」、パーティーや内祝いの会食への「招待状」、それから「お祝い」「お見舞い」などです。

私の書斎は壁一面に収納棚がズラリと並んでいます。観音開きの棚が中央に二つ、その両側に幅九十センチの大きな引き出し付きの棚が一つずつ。その引き出しの一つに、お気に入りの便箋や封筒がぎっしりと詰まっています。洋風と和風に整理し、旅行のたびに各地で買い集めたポストカード類や、和紙で作られた御祝・御礼・御祝儀、弔事用の袋なども入っていて、この中から相手や手紙の目的に合ったものを、あれでもない、これでもないと悩みながら選ぶのが、手紙を書く楽しみの一つです。

とくに気に入っている便箋や封筒は、洋風タイプですと、花の絵が浮き上がったような加工（エンボス加工）がされているものです。主に芦屋の文房具店の「堀萬昭堂《ほりまんしょうどう》」で購入しています。エレガントですし、サイズが小さめですので、文章をたくさん書かなくても見劣りしません。和風タイプでは、京都に本店がある和文具のお店「嵩山堂《すうざんどう》はし本《もと》」のものが気に入っていて、大丸芦屋店の店舗に足を運んでは、いろいろ選んでいます。娘や嫁にお小遣いをあげるときの点袋も、はし本のものを使っているのですよ。それと「モンブラン」のボエムシリーズのボールペン。小さくて太さも女性らしく、ハンドバッグに入るので、長年にわたって愛用しています。

文房具が揃っても、いざ手紙を書こうとするとなかなか難しいものですね。そんなときは、いただいた手紙をヒントにしています。私にはお手本にする方が三名いらっしゃって、その方たちのお手紙を読み返しては参考にしているのです。

親戚のA子さんは、とにかく誉め上手。愛媛の方で、年に二〜三回、みかんを送ってくださるときに、必ずお手紙が添えられているのですが、そこには「若い」「美しい」「立派でいらっしゃる」と、いつも私のことを誉めてくださっています。初めはなんだかこそばゆくて落ち着かない気分でしたが、読むにつれ、だんだん恍惚《こうこつ》とした心境に陥ってしまうから不思議です。主人は「これはA子教だナ」と言って笑っています。A子さんは、ご家族も同じように誉めているそうです。いつもお母さんが、妻が誉めてくれる。なんて幸せなご家族なのかしら。

お仕事で知り合ったマスコミ関係のM美さんは、とにかく筆マメ。何かあれば、すぐお便りをくださいます。封書のときもあれば葉書のときもあります。字はつねに走り書きなのですが、忙しくても気遣ってくださることが手に取るようにわかり、かえって嬉しいもの。彼女の笑顔と文字が重なって、いつもホッとするのです。

そして、Y子さん。私の料理教室に通っていらした方で、時折お手紙をくださいます。その文字の美しいこと。控えめで決して派手ではないのですが、どこかキラリと光る貴石のようなものを感じる方で、そのご本人をそのまま投影したかのような文字です。内容が素晴らしいのはもちろんのこと、文字が美しいというのは、それだけでもプラス五十点くらいになると思いませんか。

私の場合、手紙を書くときは、必ず別の紙に下書きをしてから、便箋や葉書に清書するようにしています。文字は会話と違ってはっきりと残りますから、間違えないよう、人を傷つけないよう、いっそう気を付けなければなりません。「拝啓」「敬具」は男性が使う挨拶の言葉。私は「一筆申し上げます」で始め、「かしこ」で締めます。

パーティーの招待状なども、すべて印刷では味気ないので、宛先や差出人の名前は、手書きで書くように心がけています。

手書きの手紙は嬉しいものですが、一方でマナーを知らないと相手を不快にさせることがあります。以前、ある若い方から届いたお手紙は、便箋に横書きで書かれていました。読み進んでいきますと、なんと手紙の宛名、つまり私の名前が便箋の最後に書かれているではありませんか。ご自分の名前の下に、私の名前です。きっと、日本の縦書きの書き方をそのまま横書きにしてしまったのでしょう。縦書きの場合、最後に宛名を書きますが、それは行の一番上の部分であって、その右下に自分の名前がきます。宛名はあくまでも自分より「上」に書くということです。

実は、このような手紙をいただいたのはこの方だけではありません。どうなっているのかしらと、「手紙の書き方のマナー」なる本を見ますと、実例として宛名を最後、つまり一番下に書いたものがありました。このようなマナー本に書いてあるルールを鵜呑《うの》みにしてしまったのでしょう。これには、二度驚いてしまいました。

相手がお友だちであろうと、家族であろうと、ましてや尊敬する先輩や仕事関係の方ならなおのこと、自分の名前の下に相手のお名前を書くのは失礼にあたると思いませんか。これは形式以前の、相手への思いやり、敬いの心の問題ではないでしょうか。

お見舞い

以前、我が家で飼っているジャーマン・シェパードが、近所の男の子を噛んでしまったことがあります。もちろん狂犬病の予防注射はしていましたが、人様を傷つけてしまったと、目の前が真っ暗になりました。

その子は、足を数針縫って入院したので、私は申し訳なさでいっぱいになりながら病院にお見舞いに行きました。親御さんは、「男の子ですし、傷もたいしたことありません。お宅のご主人が犬のリードを短く持って『近寄らないで！』とおっしゃっているのに、近づいて犬に触ろうとして噛まれたということ。うちの子も悪いのです。大丈夫です。心配なさらないでください」とおっしゃってくださいましたが……。

お見舞いの品として、果物を台にして、治療費と破れたズボンの代金、おわびの気持ちを込めたお見舞いのお金を封筒に入れてお渡ししました。先方は快く受け取ってくれましたので、ほっと胸をなで下ろしました。

このときは特別な立場のお見舞いでしたが、知り合いの病気や怪我などのお見舞いの場合はどうしましょう。

病気になられたと聞いたら、まず失礼にならない範囲で、ご家族に病状をうかがいます。それによってお見舞いに行く場所、時期を判断し、お見舞いの品を決めます。入院直後や手術の直前は検査に忙しいでしょうし、手術の直後は面会できないでしょう。私は手術があってもなくても、だいたい峠を越して快復に向かっている時期に伺うようにしています。当然のことながら、病気が重い場合や人に会えない状態、また若い女性で会いたくないとおっしゃる場合などは、病室へのお見舞いは避けます。病院に行ってもご家族に面談室でご挨拶する程度か、ご自宅のご家族のもとにお邪魔する、またはお見舞いのお手紙だけにするようにしています。

お見舞いの品といえば、お花を持っていく方が多いのではないでしょうか。鉢植えは「根つく」、つまり「寝つく」を連想するのでタブーであることはよく知られていますが、私は花束も持っていきません。花瓶が必要ですし、水を替えたり、枯れた花は処分したりしなければなりませんから、自分ではできず、お見舞いの人が毎日来てくれない場合は、看護師さんにお願いするなど手間がかかります。香りが強くてもいけませんし、肌の弱い方や赤ちゃんは、花びらや花粉が顔に触れてもいけないでしょう。

果物もお見舞い品の定番ですが、必ずしも喜ばれるものではないと思います。冒頭では「果物を台に」と書きましたが、これは食べやすく切ったり、持ち帰ったりできるご家族がいらしたから。そうでない場合、自分で皮や種を取って食べるのは大変ですから、私は一口サイズの和菓子か洋風の焼き菓子を持っていくようにしています。手を汚さずに食べられますし、お見舞いの方にも召し上がってもらえますから。

以前、とても喜ばれたのはパジャマとガウンのセットです。知り合いの女性が入院したときにお見舞いに伺いましたら、地味なパジャマでベッドに座っていらっしゃいました。そこでさっそく、明るい色のパジャマとガウンのセットを贈りましたところ、「華やかで気持ちも明るくなります」と、愛用してくださいました。

親しい場合は何がよいかわかりますが、そうでない場合は、お見舞いもやはり現金か商品券がいいのではないでしょうか。かさばりませんし、処理に困るということもありません。退院後、「快気祝い」としてお返しを用意するときも、現金や商品券ならそれを利用することもでき、負担にならないと思います。

服装にも気を配りたいもの。病気で外に出られず、パジャマやガウンを着ている方の前で、自分だけキラキラした華やかな洋服でいるのは相手に不快な思いをさせてしまいます。とはいえ、あまりにも地味な服装もいかがなものかと思います。若い頃、主人が二日間の人間ドックに入ったときにお見舞いに行ったのですが、黒が流行っていたこともあって、上から下まで黒でまとめて行きました。そうしたら、まるで喪服のように見えてしまって……。それ以降は、やわらかい素材で明るい色合いの、やさしい印象を与える服装にしています。

出産のお見舞いであっても、病院はもちろん、出産直後は自宅にも行かないほうがいいと思っています。私は次女を出産するときに、約三ヵ月入院しました。早産の可能性があったので、絶対安静で点滴をしながらずっとベッドに横になっていたのです。おかげで無事に出産しましたが、お見舞いに来ていただいても困るので、友人にも、主人の会社の関係の人たちにも伏せていました。ところが、ある取引先の男性が聞き付けたようで、「△△社の○○さんという方がお見舞いにいらっしゃっています」とナース室からの連絡が。「お断りしてください」と答えるや否や、さっとドアが開いて、「やぁやぁ奥さん！　このたびは大変でしたね」と入ってきたのです。びっくりするやらあっけにとられるやら。こちらはパジャマ一枚で横になっておりましたので、本当に迷惑。でも、当人はそんなこと気にも留めていませんでした。

前にも書きましたが、産後のお母さんはとても疲れています。母子ともに落ち着いた一ヵ月後くらいに、ご自宅にお邪魔するのがいいのではないかしら。ただ、マタニティブルーになっていたら、親しいお友だちの訪問は嬉しいこともありますね。

不幸

私がまだ若い頃の話です。知り合いの家のご主人（当時六十歳くらいだったと思います）が、長患いで病院に入院されていて、「あと数日でしょう」とお医者さんに言われました。そうしましたら、その方の奥さまが急いで家に帰って喪服を準備し、お座布団を出したり、お湯呑みと茶托が足りないと、デパートに買いに行ったりしたそうです。その家の息子のお嫁さんが悲しそうにおっしゃっていたのが印象的で、私も「あと数日と言われたのだから、少しでもご主人の側にいてあげたらいいのに、冷たい奥さまだこと」と思ったものでした。

でも、その奥さまは何事にもきちっとした方なので、嫁の手前、親戚の手前、準備ができずに慌てているところを見せるのが嫌だったに違いありません。それに、忙しく動き回ることで、悲しみや寂しさをまぎらわせていらっしゃったのかも……。不幸の場合、時間がないうえに精神的な負担も大きいですから、わかったときは早めに準備したほうがいいのかもしれないと、この年になって思うようになりました。冷たいのは私のほうだったのではないかと、反省しています。

弔問に伺うと、ご主人を亡くされた悲しい心を包みかくして、キリッとなさっている奥さまを拝見することがあります。それがもし自分だったらと思うと、胸が痛くなり、私にはとても真似ができないことだと感服させられます。冷静なように見えても、心のうちでは相当な無理をなさっているはず。そのようなときは、奥さまの気持ちに寄り添ってあげなければなりませんね。

一方で、とんでもない光景に出くわすこともあります。お葬式は、共通の知り合いや友人たちが一堂に集まる場。なかにはずいぶん久しぶりに会う方もいらっしゃるでしょうから、懐かしい思いがこみ上げてくるのもわかります。でも、お通夜や告別式だということを忘れ、大きな声で挨拶をし、会話を始めるのはいかがなものでしょうか。いつの間にかミニクラス会のようになり、仕舞いには笑い声まで聞こえてくることも。それを見ますと、「ああ、あの人たちはちっとも悲しんでいないのね。それなら、わざわざ来なくてもよかったのに」と思ってしまいます。私のときは、本当に悲しんでくれる人だけに見送っていただきたいものです。

実際、不幸の連絡があったら、近親者の場合は、とりあえず駆け付けます。遠方でもできるだけ駆け付け、どうしても無理な場合は初七日など、なるべく早く、地味な服装で出かけます。

娘時代、母は「お通夜は喪服では行かないものですよ。まるで用意して待っていたようなので、喪服は避けましょう」と言っていました。ですので、以前は親戚の人やごく親しい人の場合、グレーのアンサンブルか、黒以外のごく地味な色の無地の着物に、黒い無地か地模様の帯を結んで出かけていました。でも、最近は黒の喪服で参列する方がほとんどで、「喪服を持っていないのかしら」という視線を感じるようになりましたので、私もお通夜から黒ずくめで参列しています。

身内や親戚のお葬式では着物を着ます。喪服は嫁ぐときに母が用意してくれましたが、昔はすべて揃えるとすぐに使うことになるので縁起が悪いと、黒の帯あげや帯締め、黒のバッグなど、何か一つを抜いて揃えるという慣習がありました。私の場合も帯あげが揃っておらず、使う直前になって慌てたことを憶えています。

洋装の場合は、黒いスーツかアンサンブル、ワンピースでしょうか。若い方の中には、大きなフリルがついていたり、胸元や背中が大きく開いた派手なデザインであったり、また肌が見えるくらい透けたブラウスを着ていたりと、個性的な方を見受けますが、あまりよくないですね。パールネックレスを二連にしている方もときどきいらっしゃいます。パール自体は良いのですが、二連以上は「重なる」という意味に通じるのでつけてはいけません。私は若い頃は白いパールでしたが、いまは黒真珠をつけています。また、まっ赤な口紅やネイルは落とし、お化粧も控えめにして、結婚指輪以外の指輪は外しています。

お香典は、近しい関係でない場合は、金額は五千円から一万円程度でしょうか。近頃は、お香典やお供物やご供花を辞退なさるお家もあります。会社関連の場合、新聞広告などに「お香典、お供物、ご供花の儀は、勝手ながらご辞退申し上げます」と書かれていることがありますので、その場合は持って行きません。

式場では、遺族に向かって軽く会釈し、お焼香をします。立礼していらっしゃいましたら、「このたびはご愁傷さまです」「心よりお悔やみ申し上げます」くらいの言葉で、多くを口にせず、深々と頭を下げてご挨拶をしてから式場を後にします。

関西では、お葬式から帰って来たときは、不幸を家に持ち込まないように、門の外に塩を小さな山にしておいて、その塩を踏んで清めてから家に入る慣習があります。関東では、体に塩を撒くそうですね。

近頃では会葬御礼のお手紙の中に塩の入った小袋を添えてくれることもありますので、それを門のところに撒いてその上を踏んで家に入るようにしています。

4

おもてなし

パーティーは明日への活力を生む大切な催し。

*

以前と同じお料理を出さないように記録します。

*

ケータリングならリッツ・カールトン。

*

お茶を点ててしめくくりの一服を。

準備〜目的とテーマ〜

私はパーティーが大好きです。お呼ばれしたときも、ご招待したときもドキドキ、ワクワク、ルンルン。お気に入りの服を着て、美味しいお酒やお料理をいただきながら、友人や知人、初めて会う方とおしゃべりをする。そこにいるみんなが幸せな気持ちになれて、忙しい日常の一服の清涼剤、明日への活力になります。私にとってパーティーは「人が集まり、幸せな時間をともにする」ことを「目的」とした大切な催しなのです。

お呼ばれしたときのことは先述しましたが、我が家では、記念日やお花見など、さまざまな「テーマ」でパーティーを開き、お客さまをご招待しています。「テーマ」は、誕生日や結婚記念日など決まっていることもありますし、そろそろ開きたいから音楽の鑑賞会などしましょうか、とパーティーを開くために考えることもあります。

これまでのパーティーでとくに印象に残っているのは、一九九〇年に家を建てたときの「新築披露パーティー」です。建てる際に、大勢のお客さまをおもてなしできる家にしようと、半地下室を造って、そこにパーティールームを設けました。ビュッフェ形式でしたら四十名ちょっと入れる広さですが、このお部屋で初めて催したのが新築披露パーティーなのです。

「新しい家を建てましたので、遊びに来てくださいね」とご案内をする「新築のお披露目とお礼」をテーマとして、建築士、工務店の方、親戚、友人、さらに主人の会社関係でお祝いをくださった方と、たくさんご招待しました。人数が多いので、一日ではお呼びしきれず、二回に分けたほどです。

お客さまは、まず表玄関を入ったところにあるサロン（応接室）にお通しします。ソファとダイニングテーブルを置いていますので、少人数の場合はこのお部屋でパーティーをすることもありますが、たいていは全員が揃うまでアペリティフ（食前酒）やアミューズグール（軽いおつまみ）を楽しんでいただく待合室にしています。

このときのことを、後日、ある知人がこんな風におっしゃっていました。

「江崎家のパーティーに呼ばれて意気揚々と出かけて行きましたら、通された部屋のダイニングテーブルには花が飾ってあるだけ。これは食事が出ないのかしら、と一瞬思いましたけど、まさか別にパーティールームがあるなんて……。豪華なお料理が並んでいて感激してしまいました」

これを聞いてからは、初めての方に余計な心配をかけないように、さりげなく「みなさまがお揃いになりましたら、パーティールームにご案内しますね」と声をかけるようにしています。

主人の「還暦パーティー」もこのパーティールームで行いました。参加者は四十名ほど。「主人の還暦を祝う」ことがテーマですが、家族とごく親しい友人で計画した、主人へのサプライズパーティーでもありました。実は、このパーティーの少し前に、家族で還暦のお祝いをしていましたので、主人もまさかもう一度パーティーがあるとは思っていなかったようです。娘がシュガーケーキを作り、主人の友人のバンドが演奏をしてくださって、大盛り上がり。すべて内緒で準備しましたので、主人はとても驚き、また喜んでくれて大成功でした。

招待客が五十名を超えると、ホテルの宴会場を利用します。最近は、「ザ・リッツ・カールトン大阪」が多いですね。私たち夫婦の結婚四十周年の「ルビー婚式」のパーティーを開いたのもこのホテルでした。

こうしたパーティーを、私はすべて記録に残しています。私の部屋の本棚には、「およばれの記録」「ご招待の記録（おもてなし）」と題した大きな黄色のファイルがずらりと並んでいるのです。

「およばれの記録」は、招待されたパーティーをまとめたもので、お招きいただいたお宅、年月日、テーマや形式、お相伴した方々を書き記し、メニューをいただいた場合はそれをファイルして、私がパーティーを開くときの参考にしています。

いっぽう、「ご招待の記録」は、自分がパーティーを開催したときの記録。年月日、場所（自宅、ホテル、レストラン）、テーマ、形式を記し、続いてお料理、お客さまの名前と招待状と席、テーブルセッティング（食器、カトラリー、花、テーブルクロスやナプキンなど）、サービス、お土産のことなどが記してあります。パーティーを開くときにこれを見れば、出席いただく方に、前にご招待したときと同じようなお料理を出さないようにすることができるのです。

年を重ね、友人・知人と会う回数が減ると、そのまま疎遠になりがちです。あの方は奥さまを亡くされたけれど、いまどうなさっているかしら……と近況をうかがうのにも、パーティーはいいきっかけになります。実際、「パーティーで再会した友人と、その後、頻繁に会うようになった」と、来ていただいた方に喜ばれたことも。そんなエピソードを聞くと、パーティーを開く素敵な「テーマ」がまたひとつ増えるのです。

準備〜人選とスタイル〜

パーティーの「テーマ」が決まりましたら、次は誰をお招きするかを考えます。話が弾み、場が盛り上がるためには、招待客の組み合わせが大切です。

少人数の場合は、まず主賓が決まり、相客は主賓と親しい方や仕事関係の方、外国人でしたらその国の言葉を話せる方をお招きします。

大人数でカジュアルなパーティーでしたら、一番初めに選ぶのはよくパーティーにご招待してくださる方々。それからいつも来てくださる方や、ふだんから親しくしている仲間たちをお誘いします。新しく出会った方にお声をかけることもありますが、いずれにしても価値観が似ていて話が合う、趣味が同じなど、何かしら共通のものがあると、お客さま同士が初対面であっても打ち解けるのが早いように思います。

招待客がおおよそ決まれば、次は「スタイル」です。着席にするか、ビュッフェにするか。そのお料理はどうするか。順番や切り口はさまざまですが、ひとつの目安はお招きする方の人数にあります。

ゆっくりとお話をしたいときは「着席スタイル」にしますが、私たち夫婦も入れて八人までのディナーでしたら、私がお料理を作ります。それ以上でも作れなくはありませんが、私がキッチンに入りっぱなしでサービスが行き届かなくなり、かえって失礼になりますので、そのように決めているのです。それ以上になりますと、ホテルかレストランのケータリングを利用します。プロにお任せしてしまえば、余裕をもってお客さまをおもてなしすることができます。

人数が多い場合は、「ビュッフェスタイル」です。娘がまだ家にいた頃は、男女を問わず、よくお友だちを連れてきました。十人以上集まることも多く、そのようなときは私がお料理を作り、大皿や大鉢にダイナミックに盛って、「好きなように取り分けて召し上がれ！」とパーティールームのカウンターに並べていました。私がキッチンに立っていますと、娘はもちろんのこと、お友だちも手伝ってくれて、賑やかに楽しいときを過ごせます。

ビュッフェでも二十人以上のときや、少しフォーマルなときは、ケータリングにします。ホテルですと「ザ・リッツ・カールトン大阪」。ここはホテル自体もよく利用しますが、営業の方が準備から後片付けまですべて見ていて、責任を持ってチェックしてくださいますから、安心してお任せできます。「リーガロイヤルホテル（大阪）」も同様にいいですね。

ケータリングの料金はリッツ・カールトンもリーガロイヤルも、それぞれ相談に応じてくれます。パーティーの規模にもよりますが、会場セッティングなどをしてくれるスタッフが五～六名、料理を担当するスタッフが五～六名で、スタートのだいたい五時間くらい前から準備に入ります。ホテルから持ってきた食材と食器をすべてキッチンに運び込み、家具を移動させて、ダイニングテーブルを並べます。

我が家のパーティールームのダイニングテーブルは、二つで二十八名まで着席できますが、それ以上になりますとホテルからテーブルと椅子を借ります。テーブルにクロスを敷き、飾り皿がセットされましたら、私がお花を飾り席札を置いていきます。

この席順は前日までに、主人と二人で相談して決めますが、とても難しくて気を遣う作業です。席の上下で失礼になってもいけませんし、組み合わせで座が白けてもいけませんから。でも、「この方とこの方をお隣同士にすると会話が弾みそう！」などと想像しながら決めるのは楽しくもあります。

私は入り口のドアに近い、一番下座に座ります。この席はキッチンにも近いのでなにかと便利でもあるのです。いっぽう、主人は一番奥、上座にあたる席に座ります。これは、部屋全体が見渡せる席であると同時に、私たちがテーブルの両端に座ることで、間にいるお客さま全員に目が行き届き、気配りができるからです。人数が多くてテーブルを二つ並べるときも、主人と私は違うテーブルで上座と下座に座って、お客さまを挟むかたちにしています。我が家では、主賓は基本的にホストやホステスの右側にお座りいただきます。つまり、主人の右手に主賓の男性、その方の奥さまは私の右側です。ただ、ご主人と席が離れることを不安に思う奥さまもいらっしゃいますので、その場合はご主人の隣や向かい側などに座っていただくなど、臨機応変にしています。

親しい集まりですと、私たち夫婦がテーブルの中央に向かい合って座ったりもします。そうしますと、みなさんの顔が見えてお話がしやすいのです。逆に、その場所に主賓ご夫婦に座っていただくことも。欧米で会食に招かれたときは、このスタイルで私たちがテーブルの中央に向かい合って座ることが、多いような気がします。

パリのご自宅に招いてくださった奥さまがこんなこともおっしゃっていました。

「パリでは、ご夫婦は離れた席に、結婚していないカップルは近くの席にすることが多いのですよ」

おもしろい習慣ですよね。この場合、夫婦はお互いに違う人とお話をし、家に帰ったらその情報を交換できます。その話をもとにまた盛り上がって、パーティーの余韻を楽しむことができるのです。

準備〜メニュー作り〜

お料理の中でもっとも難しいのはメニュー作り。豪華なお料理を一品だけ作るのは意外と簡単ですが、それに合う他のメニューをバランスよく考えるのは大変な仕事です。料理教室の生徒さんからも、「前菜、メインなどそれぞれのお料理は思いつくけれど、どう組み合わせればよいのかわからない」という質問をよく受けます。パーティーのメニューなら、なおさらのことかもしれません。

そこで、私は長年の経験から、見た目にも内容的にもバランスのよいメニューを組むための、六つのルールを考案いたしました。生徒さんが憶えやすいように、私の名前を使って「『エザキミエコ』のバランスメニュー」と名づけています。

①「エ」＝栄養のバランス

私たちの体を整え、生きていくためのエネルギーを与えてくれるのが「五大栄養素」です。どの国に行っても美味しく、見た目にも鮮やかなお料理は、不思議とこの五つの栄養素を満たしています。五大栄養素とは次の通り。

・タンパク質——肉や魚、卵、大豆など
・無機質（ミネラル）——乳製品、海藻、小魚など
・ビタミン——緑黄色野菜、淡色野菜、果実など
・炭水化物——穀類、いも類、砂糖など
・脂質——植物油、バターなど

つまり、この栄養素を意識すると、自ずと彩りも美しいメニューが組み立てられるのです。

②「ザ」＝材料のバランス

海（魚介）、山（肉）、里（野菜）を偏らないように取り入れます。大事なのは、材料の季節感。旬のものは、その季節で一番美味しく栄養も豊かな食材です。また、「今日のために初物を取り寄せました」などと言いますと、お客さまにも喜ばれます。そのほか、珍味や地方の名産なども取り入れると、メニューに膨らみが出ます。

③「キ」＝技術（調理）のバランス

生、焼く、煮る、揚げる、蒸すの「調理の五法」を中心に、炒める、茹でる、煎るなどさまざまな調理法を偏ることなく組み合わせます。調理法を工夫すると、料理に変化が出るだけでなく、パーティー当日にキッチンに入る時間を少なくすることにも

つながります。たとえば、炒め物や焼き物ばかりですと、出来上がったらすぐに出すものですから、キッチンでずっと料理をしていなければなりません。一方、煮物や蒸し物は作りおきができますので、前もって作っておけば当日は出す直前に温めるだけ。料理の時間が集中しなくてすみます。

④「ミ」＝味覚のバランス

味覚は「味」と「五感」が複雑に合わさって決まります。「味」は五味といって「甘、酸、塩、苦、辛」がバランスよく感じられる料理が、よいとされます。「五感」は、「目＝見たときの色や形の美しさ」「耳＝音、噛んだときの歯ごたえ」「鼻＝香り」「舌＝触感、口当たり」「肌＝温度、熱い・冷たい」のこと。美味しさは舌だけでなく、体全体で感じるものですから、五味五感をバランスよく取り入れることが大切です。

調味料も、お造りが醤油ならメインのしゃぶしゃぶはゴマダレというように、「塩」「醤油」「味噌」「油類」「酢」「香草や香辛料」などを、味が重ならないように使うことを心がけると、お料理の幅が広がります。

⑤「エ」＝エコノミー（経済）とエコロジー（環境）のバランス

食材を仕入れるときに、大切なお客さまだからといって高価なものばかりを揃えたりはしません。たとえば鮑やフカヒレ、神戸牛など、高級食材を使った重いお料理ばかりでは、お客さまも気が張りっぱなしになってしまいます。お浸しなど簡単で費用もかからないものを取り入れることで、お料理の流れに強弱が生まれます。それから、農薬の少ないものを使う量だけ買う。これからは料理も環境を考えなくてはなりません。そのような意味でも、②で触れた旬の食材は、自然に育てたもので、比較的価格も安いですから、経済的にも環境的にもいいですね。

⑥「コ」＝心のバランス

食べる人の年齢や好み、体の調子などを考慮しながら、心を込めて作ります。そのような気持ちは、「味覚」として伝わるものです。

お客さまをおもてなしするときはもちろん、料理教室や毎日の食事など、私のお料理はすべてこのルールに沿って考えられています。もし、迷ったときは、必ずバランスメニューに立ち戻って確認をします。

メニューを組み立てるときは、まず「メイン料理」を決めるといいですね。たとえば「元気な男性が多いからメインは牛肉にしましょう」となると、「それなら、前菜は魚介のマリネが入ったサラダがいいわね」などと、メインとバランスを取りながら組み立てることができるのです。

準備〜お料理〜

ある春の日、日本人のご夫婦三組をご招待して、おもてなしをいたしました。『エザキミエコ』のバランスメニュー」にのっとって、前菜からデザートまで十二品フルコースをすべて手作りした、私としては完璧なメニューです（左ページ参照）。そのお料理の内容に沿って、パーティー当日までの準備の流れをご紹介しましょう。

メニューはだいたい三日前までに決めます。それから、家にある食材をチェックして、「在庫のあるもの」「予約するもの（店に常備されていないもの）」「前々日に買う食材（生もの以外）」「前日に買う食材（生もの）」の四つに分けて書き出します。

前々日の買い出しは午前中。「いかりスーパーマーケット」を中心に、「パル・ヤマト」「コープデイズ」「大丸芦屋店」など、目的の品が置かれているお店に行きます。必要な食材がなかったり、品質がよくなかったりした場合、逆に旬の美味しそうなものを見つけた場合は、お料理の内容が変わることもしばしば。臨機応変に変えていくのも、楽しみのひとつです。そして、午後はひたすら下ごしらえ。

まず、鰹《かつお》と昆布でだしをとります。香りを大切にしたいので、ふだんは前日ないし

我が家のおもてなし　～ある春の日に～

目的：3組のご夫婦をご招待　場所：パーティールーム

①おつまみ

＜せんべいカナッペ＞
紅イモチップ ／ シソの葉＋めんたいこマヨネーズ
こんにゃくチップ ／ イクラ＋サワークリーム＋芽ねぎ
えびせん ／ サーモン＋セロリ＋千枚漬＋イタリアンパセリ
＜キウイ 生ハム巻＞

②前菜2種

＜はまぐりワイン蒸し＞　◎
梅肉酢がけ＋うどの桜形、ぬたあえ＋紅たで
＜ふた付き小鉢＞
黒豆みつ煮＋金箔、かずのこ＋鰹節の千切り

③煮物椀（汁）　◎

あん肝豆腐にみつばとそぎゆずをのせて

④造り2種

＜赤貝＞
防風、菊の花をポン酢で
＜平目昆布〆＞　◎
穂ジソ、水前寺のりを土佐醤油で

⑤合鴨の煮物　◎

カブ、こごみ、クレソンと和がらしを添えて

⑥宝楽焼

穴子、たけのこ、タラの芽、木の芽

⑦すずきアラレ揚げ 野菜あんかけ　◎

しいたけ、にんじん、きぬさやのあんかけに白ネギ千切りをのせて

⑧マスカットとエビのみぞれあえ 土佐酢

⑨鮑ご飯　◎

うるち米ともち米半々。ウニ、みつば、のりをかけて

⑩なめこみそ汁、香の物

⑪甘味

宇治ゆり根かん

⑫水菓子　◎

イチゴ粉糖がけ

当日にとりますが、たくさんのお料理を一人で作る場合は、前々日のうちにとって密閉容器に入れ、冷蔵庫で保管します。このときは、煮物椀の吸い地、合鴨の煮物、すずきアラレ揚げの野菜あん、鮑ご飯にだしを使いましたので、人数分を計算してとりました。

忙しければ、山梨の「信玄食品」の鮑の「炊込みごはんの素」を使ったりもします。お手軽ですし、具だくさんで美味しいのです。家族みんなが大好きなお正月のお雑煮に入る鮑も、ここのものです。便利といえば、和歌山の「酒直《さかなお》」の「宝梅《たからうめ》・梅びしお」。「はまぐりワイン蒸し」の梅肉酢に使いましたが、紀州の梅干しを贅沢に裏ごししたもので、いろいろなお料理に活躍しています。

この日に、主人と相談してお酒を選び、赤ワインはダイニングルームに、白ワインはワインセラー、シャンパーニュや日本酒は冷蔵庫に入れて、準備しておきます。

前日は、煮物椀のあん肝豆腐を作る、平目を昆布〆にする、合鴨の煮物を作る、すずきアラレ揚げの野菜類を切る、鮑ご飯の汁量を量る、などなど、できる限りの下ごしらえをします。

そして当日。部屋の掃除をさっとして、テーブルセッティングをします。お客さまがいらっしゃる前に、直前に火を入れるすずきアラレ揚げ以外のすべてを作ります。

はまぐりはワイン蒸しにして冷蔵庫に入れ、煮物椀は吸い地に味をつけ、最後にのせるみつばとそぎゆずを準備。合鴨の煮物は温めるだけ、鮑ご飯も炊飯器のスイッチを入れるだけにします。

これだけ準備をしたら、身だしなみを整えてお客さまをお迎えし、焼き物や炒め物を仕上げながら、おもてなしします。ですが、ここまで作ると準備も大変ですし、おもてなしも充分にできないことがありますので、最近はもう少しゆったりとしたメニューにしています。このときのメニューにしても、◎印の七つだけでも充分豪華なご馳走になりますよ。

お客さまが日本人の男性だけの場合は、お座敷で純日本料理をお出しすることもあります。男性は和食を好む方が多いように思います。女性がいらっしゃる場合は、フランス料理がいいのではないかしら。もちろん、男性でフランス料理を希望する方も、女性で和食好きな方もいらっしゃいますが、ビュッフェスタイルのパーティーで観察していますと、男性は九九パーセントの方が一番にお寿司を取りますし、女性は美しいオードブルを持って行かれることが多いので、そのような傾向にあるのではないかと思っています。

外国人のお客さまの場合はと言いますと、以前、パリとボルドーからのフランス人二人と、東京在住で奥さまがフランス料理のお上手な日本人のご夫妻をご招待したことがあります。私はあえてフランス料理でのおもてなしに挑戦しました（左ページ参照）。調理師学校でフランス料理を学び、十年ほどフランス料理教室をしていましたので、ちょっと自信があったのです。

日本に初めて本場のフランスパンを伝えた芦屋のパン屋「ビゴの店」（口絵写真）のパンを選び、「バランスメニュー」にのっとった完璧なフランス料理（だと自分では思っています）は、本場パリの味を知る方々から「素晴らしい！」とお誉めの言葉をいただきました。自分でも八十点は採れたのではないかしら、と思っています。

以前は、外国人のお客さまにはなるべく洋風のお料理をお出ししていました。やはり新鮮な活け造りなどを好まない方が多いですし、ゆっくりと楽しんでもらうためには、食べ慣れたお料理がいいと思ってのことです。日本を感じてもらうために、折敷《おしき》に季節を表現する箸置きとお箸を置き、和食器に前菜を盛り付けますが、その後はフォークとナイフをセットして洋風のお料理にしていたのです。

けれど、最近では世界各地に日本料理店が増え、珍しいものでもなくなりましたので、日本によくいらっしゃる方には、最初から最後まで和食で通すこともあります。

フランスからのお客さまをおもてなし

目的：パリとボルドーからの来客を歓迎
場所：サロンでアミューズグール、ダイニングで食事

①食前酒
さくらんぼ酒　シャンパーニュ

②アミューズグール
＜ブリニ（そば粉のパンケーキ）＞
キャビア、スモークサーモン
＜プチキッシュ＞
ロレーヌ、海の幸

③オードブル
牛肉と野菜の冷製テリーヌ

④魚料理
鯛の姿蒸し ソース・ヴァン・ブラン(ハーブ入り)

⑤グラニテ
グレープフルーツソルベ

⑥肉料理
鹿ロース肉 ソース・グラン・ヴヌール

⑦サラダ
お花畑のサラダ リンゴソース
カマンベールチーズ・巨峰添え

⑧デザート
ムースドゥマロン
コーヒー、紅茶、ブランデー

演出～テーブルコーディネート～

パーティーを成功へと導くには、「招待客の人選」と「お料理」、そして「演出」の三つの要素が重要だと考えています。

最近、プロによるテーブルコーディネートの展示会が開催されたり、本が出版されたりしています。拝見すると、どれも芸術的で美しいのですが、完璧すぎるといいますか、お料理を置くことまで想定していない印象を受けるものもあります。

料理研究家として、また一人の主婦として考えますと、家庭でのテーブルの主役はあくまで「お料理」です。器はお料理を盛り付けたときに、本来の役目を果たすものですし、そのお料理が並んだテーブルに人が着席して、初めてテーブルコーディネートが完成されるのだと思います。そう考えると、テーブルコーディネートはパーティーの大切な演出。そして、その演出の完成度を高めるためには、お部屋のカーテンや絨毯などのインテリアも、マッチしていなければなりません。

そこで、私はテーブルコーディネートも含めたお部屋全体の演出を、「簡単には変えられないもの」「ときどき変えるもの」「毎回変えるもの」の三つに分けて、組み合わせを工夫するようにしています。

「簡単には変えられないもの」とは、お部屋の壁紙や家具、照明器具のこと。我が家には、白とブルーで統一したフォーマルなダイニングルームがありますが、キッチンと少し離れているので、近頃はパーティールームをよく使います。ここは、柱や床が濃い茶色の木材で、壁紙は白地にグリーンの花柄、カーテンもグリーンの無地と、緑を基調とした英国風の部屋です。カウンターの天板にも緑色の石を使っています。

この部屋に合うように、「ときどき変えるもの」として食器やグラス類、カトラリー類を組み合わせます。これらは高価ですから、頻繁に変えることはできません。部屋の雰囲気を踏まえて、数種類を揃えています。

食器は、前にも触れましたが「リチャード ジノリ社」の「ベッキオ ホワイト」が基本。食器洗浄機で洗えますし、白くてシンプルなので盛り付けしやすく重宝しています。和食にも合います。でも、単調で殺風景になりやすいという面もありますので、テーブルクロスを華やかにするとか、お皿にグリーンの葉を多めにのせるなどして、工夫しています。ジノリには、グリーンの葉と金の模様がついた「フィオーリ ヴェルディ」というシリーズもあります。とても華やかなので最近の私のお気に入りです。ほかには、ドイツの「マイセン」や「ビレロイ&ボッホ」、フランスの「ベルナルド」

なども好きですね。同じくフランスの「ジアン」のティーセットも揃えています。

グラス類は、自宅用には「スガハラショップ 芦屋」のものを使っています。グラスが四角錐《すい》になっている「マルシェ」シリーズは、おしゃれなうえに飲みやすいのでとても気に入っています。大勢のお客さま用にはオーストリアの「リーデル社」のもの。こうした食器類は、割れても買い足しができる、定番シリーズがいいですね。日本のブランドはいろいろなデザインを出しますが、売れないとすぐに製造をやめてしまうので、めったに生産中止にならないヨーロッパ製が自然と多くなっています。

カトラリーは、フランスの「クリストフル」の銀製のセットがありますが、銀はどうしても変色してしまいますので、やはりフランスのブランド「ピュイフォルカ」の金製の一セットも持っています。とても高級な品ですが、大切に使えば、孫の代まで、あるいはそれ以上使えますので、買うだけの価値はあると思います。

最後に、「毎回変えるもの」。センターピース（テーブルの中央に置く花などの装飾品）、テーブルクロスやナプキンといったものは、お手頃な価格のものがたくさんありますし、かさ張らずに収納できるので、種類を持っているとコーディネートに幅が出ます。

お部屋の基本色の茶色と緑色を自然界の木と葉と考えると、サーモンピンクや淡い緑色のテーブルクロスを合わせれば、春の花のように明るい雰囲気になります。夏でしたら涼しげな砂のベージュや海のようなブルーも合いますし、クリスマスならその年のクリスマスツリーの飾り付けに合わせるようにします。日本でクリスマスといえば、グリーンと赤ですが、アメリカに行くと、いろいろな色のデコレーションがあって実に華やか。私もピンクやブルーと、毎年テーマカラーを変えています。

ナプキンは統一感を考えて、テーブルクロスと同色のものを揃えています。センターピースは、キャンドルや置物もいいですが、お花が一番多いですね。華やかですし、季節感が出るからです。

ちなみに、パーティーの最初の演出ともいえる「招待状」は、会社関係の場合は専門店にお願いしますが、プライベートのときは手作りです。私が考えた内容を主人がパソコンで作って、きれいな色の紙に印刷します。宛名、テーマとスタイル、開催日時、服装、会場の場所とその地図、連絡先、そして出欠の返事の仕方（葉書またはFAXなど）と期日を書き、私たちの名前でしめくくります。枚数が多くても、宛名と自分の名前は必ず手書き。相手のお顔を思い浮かべ、気持ちを込めて書いています。主賓やお忙しい方には前もってお電話でお知らせしますが、招待状はだいたい一ヵ月前にポストに投函します。多くの方に出席いただけることを願いながら。

演出〜サービス〜

お客さまに心地よく、楽しく過ごしていただくのがホスト・ホステスの役割です。大人数の場合は、お料理をホテルやレストランに依頼するので、お客さまのお相手に専念できますが、少人数ですとすべてを自分たちでやらなければなりません。

私が料理を作るシェフになり、主人はソムリエとサービスを担当します。ソムリエの仕事はパーティーの前々日にお酒を選び、当日はシャンパーニュやワインの栓抜きで始まります。子どもたちが小さい頃は、栓を子どもの顔の横や、天井の電灯の近くに飛ばしたこともあり、心臓が凍る思いをしました。いまでは難しいシャンパーニュの栓抜きも上手ですし、グラスに注ぐのも手馴れたもの。安心して任せています。

プロのサービスは無駄がありませんが、主人がつたなくお皿をさげたり、ワインを注いだりする姿は、お客さまの緊張を解いたりと、場を和ませる効果があるようです。ホステスである私も、キッチンに立って料理をするのに忙しく、厳しい顔になりがちですが、主人の姿を見ると表情が和らぎ、リラックスできます。

リラックスという意味では、玄関でお客さまをお出迎えしたときに、必ずお伝えするのが、お手洗いの場所です。初めてのお客さま、とくに女性は安心してくださるのではないでしょうか。私が同じ立場でしたら安心できますし、風が強かったり雨が降っていたりしたら、髪やお化粧を直せるのでとてもありがたく感じます。

それには、私が高校二年生のときに父と出かけた世界旅行のシカゴ近郊での出来事が、深く影響しています。父が業務提携をしていた会社のオーナー夫妻の家に招かれて、一緒に伺ったのですが、着いてすぐに、

「お嬢さま、パウダールームへどうぞ」

と、私を化粧室に案内してくれたのです。お疲れでしょうから、しばらく化粧室でお休みくださいという配慮でした。そこはトイレと洗面所、バスタブがある三～四畳ほどの小部屋で、けっして豪華ではありませんでしたが、レースのクッションや花模様の刺繍が入ったタオルが置かれていて、かわいい椅子もありました。十七歳の娘の心をとりこにするには充分な場所です。けっして出すぎず、それでいて相手のことを考えた細やかなこの心配りは、私のおもてなしの考え方の原点になっています。

サービスでもっとも気を遣うのは、料理を運ぶ順序です。その場で慌てないように、事前にテーブルと椅子の位置を書いた紙に、主人と相談して決めたサービスの順序を書いておきます。お客さまには、事前にアレルギーなどで食べられないものをお聞き

し、また以前に食事をご一緒したときに人と違うものを注文なさった場合には、それもメモしておいて参考にしています。

それから、パーティーで欠かせないのは音楽ですね。CDを流したり、生演奏をしたり。音楽はすべて主人が担当します。CDの機器はスイッチがたくさんあって、私は何度教えてもらってもうまく操作できませんから、音楽好きな主人にまかせっきりです。私はクラシックが好きですが、少々かしこまってしまいますので、ポピュラーな曲を流すことが多いですね。ほかに、ウェスタン、カントリー、ハワイアン、ジャズなどもかけますよ。ときどき、お客さまやホストが飛び入りで歌ったり、楽器を演奏したり、ダンスが始まったりして、パーティーは盛り上がっていきます。

お食事をしてお話をして、楽しい時間はあっという間。難しいのは、お開きのタイミングです。宴もたけなわのところに、「これでお開きです」とはなかなか言いにくいもの。私たちもいつまでもいてほしいと思いますが、次の日に朝早く予定のある方や、疲れた方もいらっしゃることでしょう。私たちは年配の親しい方に、合図をしたら「それではそろそろ……」と言っていただくよう、事前に打ち合わせをしておきます。あるいは代表してお礼のスピーチをしてもらうこともあります。お客さまにきっかけを作っていただいたほうが、主催者が言うよりスマートです。

お帰りの際には、お土産をお渡しします。センターピースのお花、これがお土産に変わるのです。芦屋のフラワーショップ「アイロニー」や「ジャックデコ」でパーティー用のお花をお願いするとき、私は必ずアレンジメントにしてもらいます。そして、そのお花を花器ごと、お招きしたご夫人たちにお渡しするのです。

私たち夫婦は、年に一度、会社関係のご夫婦十四〜十五組を招待するパーティーを開いています。もう二十年以上続いていますが、最初の頃は花器に花を自分で活けて飾っていました。ですが、たくさんありすぎて、翌日になるとお花の処理に困ってしまいます。そこで、小さく素敵な花器にアレンジにしてもらってパーティーの間は飾りとして並べ、帰りに持って帰っていただいてはどうかしら、と思いついたのです。これが大好評で、とても喜んで持って帰ってくださいます。

遠方や海外の方には、日持ちがするものにします。やはり会社関係で、海外で仕事をしている方を招待するパーティーを、年に一度催しています。こちらは、十年近くになるでしょうか。「江崎サロン・プレステージ」で作ったかわいいシュガーデコレーションケーキや、一六三〇年創業の老舗「千鳥屋宗家」の千鳥饅頭などが多いですね。前回は、私もお料理によく使う和歌山「酒直」の小さな壺入りの「宝梅・梅びしお」を差し上げましたら、大喜びで持って帰ってくれました。

ワインサロン

二〇一〇年、あるかわいい家と出会いました。六甲山の中腹にありますので、大阪平野から瀬戸内海まで見渡すことができ、夜景がとくに素晴らしいロケーションの家です。一目で気に入って、ゲストハウスにと購入したのですが、庭には木が数本しかなく、家の中は殺風景というか、モダンというか、シンプルというか……。この家をどのように改装してどのように使いましょう。そう考えて思いついたのが、お客さまを招いてワインとお料理を楽しむ「ワインサロン」です。

私が開くパーティーや食事会では、ワインが一番多く登場します。乾杯はシャンパーニュ。特別におめでたい日ではなくても、シャンパーニュで乾杯しますと、幸せな気分になります。とくに私はロゼのシャンパーニュが大好き。最近では、『死ぬまでに飲みたい30本のシャンパン』（山本昭彦著、講談社＋α新書）という本にすっかりはまっていて、そのシャンパーニュを見つけては、ワインセラーに追加していくのが楽しみになっています。三十の銘柄をすべて揃えるのが目標です。

それに、江崎グリコの工場がある関係で、二〜三年に一度はボルドーに行き、ときどきカリフォルニアのワイナリーも巡ります。素晴らしい作り手のワインに出会えたときは、本当に嬉しく興奮するものです。

実は、これほどまでにワインが好きになったのは、ワインアドバイザーの資格を取ったことにあります。二〇〇八年が明けて間もない頃だったでしょうか。中学・高校の同窓生がオーナーを務めるワインショップ「ワインハウスセンチュリー」で開いている、ワイン講座に通い始めました。そのオーナーに、

「江崎さん、料理研究家だったらワインのことを知っておいたほうがいいですよ。この教室の先生は合格率九〇パーセント。週に一回通えば資格が取れます」

と勧められて、資格があれば格好いいし、簡単に取れるというのなら……と通い始めたのです。ですが、第一回の講座の後、彼が言った言葉に驚愕しました。

「言っておくけれど、資格を取ることは並大抵ではないよ。覚悟しておいてね」

「私、だまされたの?」と思いました。いまとなっては彼にすごく感謝していますが、そのときはそう思わずにはいられませんでした。苛酷な勉強の日々が始まったのですから。

先生に薦められた教本は、A4サイズで六百ページ、厚さは三センチもあります。イタリアの州別DOCG（ワインの格付け）や、ドイツの村名、畑名も憶えなければ

ならないのに、年齢による記憶力の低下でしょうか、なかなか頭に入ってきません。諦めようかとも思いましたが、ギブアップするということは自分のプライドが許しません。そこで、絶対に資格を取ろうと思い直し、猛勉強を始めたのです。主人の晩ご飯を作れない日も多くなり、パーティー、会合、会食はすべてキャンセル。夏休みの旅行も中止にしてがんばりました。

その甲斐あって、一次の筆記試験にパスし、二次試験の「口頭試問」と四種類のワインの「テイスティング」にも奇跡的に合格したのです。そして、この勉強のおかげで、単に味わうだけでなく、ワインに対しての興味や理解が深まりました。

私が一番好きなワインは、フランスの「シャトー・ムートン・ロートシルト」。好きでありながら、あまり強くないものですから、せいぜいグラスに一杯しかいただけません。だからこそ、「その一杯を絶対に失敗したくない！」という思いが強く、少しでもいいものを選んで飲んでいます。ワインは好みがありますので、一概に「このワインがおすすめ」と言うことはできません。やはり、自分で好きな銘柄を選べるようになると楽しいものです。

ゲストハウスはといいますと、改装がすべて完成するまでに二年かかりました（口絵写真）。リビングにはダイニングテーブルを三台置いて十八人くらいは着席できるようにし、キッチンは二つ造りました。一つは下ごしらえのためのキッチン。そしてもう一つは私が料理を作るためのオープンキッチンです。その奥にワインセラーがあります。

ワインサロンですから、南仏をイメージしたインテリアを選び、大好きなカベルネ・ソーヴィニヨンのボルドー色と、ぶどうの葉のグリーンでまとめています。

お庭は、ずっと憧れていたイングリッシュガーデン風。ただ、バラの木が好きではありませんので（バラのお花は好きですが）、パンジー、スイートピー、マーガレットなどのサワサワとした優しいお花をたくさん植えました。春になると約二百種類のお花が咲き、桜も野生種のものが二本あるので、それはそれは愛らしいお庭になるのです。

ここでワインが好きな方、ワインについてもっと知りたい方を募って、美味しいワインとお料理で優雅なひとときを過ごす、そんな会員制サロンを開いています。

ガーデンパーティー

ゲストハウスを改装するときに、庭の一番奥にバーベキューコートを造りました。七~八名が並んで座れる白いタイル製のカウンターが付いていて、野菜を洗ったり食器をすすいだりと、軽い水洗いができるシンクもあります。当初は、その横にバーベキューグリルを備え付けることも考えたのですが、汚れてしまっても取り替えることができませんので、独立したバーベキューコンロにしました。使わないときは倉庫に保管しています。

「ワインサロン」としてだけでなく、気候がいい時期はここでガーデンパーティーをしたり、サロン(応接室)代わりにして、お庭を愛《め》でながらアミューズグールを食べていただいたりします。外での立食は、風が吹いたりもしますから、お皿やグラスは割れないアクリルやメラミン樹脂、プラスチック製のものを使っています。親指を入れられるパレット式のお皿が、片手で持つことができて便利ですよ。紙皿は後片付けが楽ですが、風に飛ばされますし、エコのことも考えて、あまり使いません。

お庭でも着席スタイルのときは、ふだんも使う陶器の食器にします。名古屋にある瀬戸焼の「ソボカイ」の食器は、白くてデザインも素敵なのでよく利用しています。ランチョンマットは、汚れてもすぐ拭けるシートタイプを使っています。

服装は、パンツスタイルかタイトなスカートですね。ヒラヒラしたやわらかい素材のスカートは、風が吹くのではきません。靴も安定感のあるフラットシューズや、ヒールの低いパンプスを合わせます。日焼け対策の日傘や帽子は忘れずに、また、風が思いのほか強く寒いこともありますので、上に羽織るものも用意します。

バーベキューパーティーをするときは、男性陣が大活躍してくれます。もちろん、女性たちもしっかりと準備をします。バーベキューといえばやはり牛肉がご馳走。芦屋では精肉店「竹園」の但馬牛が美味しくて有名です。お魚は、スーパーマーケットの「パル・ヤマト」が新鮮でお安いですし、あまりみかけない珍しい魚も置いています。野菜類も一緒に買ってきたら、食べやすい大きさに切って大皿に並べます。

バーベキューは切って焼くだけの豪快なお料理ですが、ソースに少し工夫を凝らすと、贅沢な感じになります。私はいつも二種類の「ミエコ風バーベキューソース」を用意しています。

①トマト味……トマトケチャップ三百ミリリットルに赤ワイン五十ミリリットル、ニンニク醤油大さじ四、バルサミコ（または赤ワインビネガー）大さじ二、蜂蜜とウス

ターソース各大さじ一、グラス・ド・ヴィアン小さじ二、塩小さじ二分の一を入れてよく混ぜる。ソースの半分に塩コショウした肉（二キログラム）を三十分漬け込んで焼き、残りのソースは食べるときにお好みで。甘めなので子どもにもおすすめですが、赤ワインは控えめに。

②新玉ねぎドレッシング……新玉ねぎ百グラムをすりおろして密封し、一〜二日冷蔵庫で寝かせた後、薄口ポン酢八十ミリリットル、太白《たいはく》ごま油三十ミリリットル、鰹濃縮だしと煮切り味醂各大さじ一、ゆず胡椒小さじ一、塩・砂糖少々をよく混ぜてガラス容器に入れ蓋をして四〜五日置く。魚や野菜に合います。

ただし、作るのに少し手間がかかりますので、もっと楽に、でも美味しく食べたいときは、江崎グリコの『ごちうま』シリーズの「なすとピーマンの肉味噌炒め」「豚キャベツのコチュジャン炒め」「豚の生姜焼きサラダ」の素などを使います。

袋から出してソース入れに入れるだけですから、本当に便利。バーベキューは時間をかけて準備、調理せずに、みんなで気楽にご馳走を楽しめるのが長所ですから、市販のレトルト調味料をソースとして利用するのは、よいアイデアではないかしら。

また、春と秋の気候がよいときには、アフタヌーンティーパーティーを開きます。菩提樹グリーンのテーブルと椅子をバルコニーに並べ、その上に置く食器は、白くて薄い、エレガントな南仏のシノン地方の磁器と、絵が素敵な「ジアン」の磁器。紅茶は、私の大好きな「アッサムティー」にミルクをたっぷり入れていただきます。「ウバ」も大好きな紅茶のひとつ。茶葉を水と牛乳で煮出す、セイロン風ミルクティーもよく作ります。反対に、「アールグレイ」はじめ、フレーバーの入っている紅茶はあまりいただきません。香料、フレーバーが入っていては、あのかぐわしい紅茶本来の香りが楽しめないような気がするのです。紅茶は芦屋にある専門店の「Uf-fu（ウーフ）」などで購入しています。

でも、カモミール、ベルベーヌ、ローズヒップなどのハーブティーは、食後のデザートのときには欠かせません。なにしろ私は極端にカフェインに弱く、大好きな抹茶も緑茶もコーヒーも、もちろん紅茶も、カフェインが入っているものはすべて午後三時以降にはいただかないようにしているのです。飲んだら最後、ベッドの中で眠れぬ夜を過ごすことになってしまいますので……。

ゲストハウスに造ったオープンキッチンには、五～六名のお客さまが座れる程度のカウンターが付いています。このカウンターに茶道用の茶釜が置ける、ＩＨヒーターを組み込みました。外でも室内でも、パーティーの最後にお茶を点てて召し上がっていただくためのものですが、しめくくりの一服として好評です。

おわりに

実家がある芦屋から離れて隣の神戸市で新婚生活を始め、再び芦屋に帰ってきたのが、私たちの三人目の子どもが生まれた頃です。マンションでしたが、偶然にも前からの知り合いで同じくらいの年齢の子どもがいる家族が二世帯住んでいたこともあり、子どもたちを通じて三〜四家族と仲良くなりました。敷地内の公園で遊ぶ子どもたちをみんなで見守りながら過ごしたものです。いま思えば、子育てにはとても適した環境でした。これが芦屋だったからかどうかはわかりませんが、同じ芦屋に住んでいるという仲間意識はあったように思います。

それから三十年余り経ってしみじみと感じるのは、芦屋の街がとても穏やかだということ。スーパーマーケットやデパート、病院、銀行と、どこに行っても、みなさんお行儀がよく、和やかでいらっしゃいます。歩くのもゆっくり、買い物で品定めをするのもゆっくり。すれ違いざまにぶつかってしまっても、「あら、ごめんなさ〜い」「お先にど〜ぞ」と、スローテンポに言葉を交わします。人々が脇目もふらずに行き交っている東京や大阪から帰ってきますと、なんだかホッとするのです。

私も年を重ねましたし、芦屋も他の街の例にもれず熟年層が多くなっていますから、とくに年配の落ち着いた方々に目がいっているのかもしれません。でも、芦屋にも若い方や子どもがたくさん住んでいます。芦屋に限らず、街の持つ魅力を守っていくためには、人生経験の豊かな人たちが若い人たちに、生活の知恵やしきたりを伝えていくことが大切。私自身もそのようにして礼儀作法を身に付けてきましたし、それが大人の責任だと思うのです。

そう考え、私も微力ながら役に立つことがあればと、今回筆を取りました。

初めは、おこがましくも人に教えるために書いているつもりでした。項目に沿って考えをまとめて、私が美しいと思っている作法の数々を伝えたい、と。でも、書き進むにつれて、反省することや感謝することが次々と思い浮かび、いつしか自分のために書いているような感覚になっていきました。それをまた考え、整理していくうちに、過去から現在、そして「これからどのように生きていくべきか」という未来へと続く透明な道が、自分の足元にはっきりと見えるようになったのです。

この本は自分の生き方を見つめ直すきっかけを作ってくれました。私はいま見えている道を迷わず進んで行くつもりです。きっと途切れることなく、この世の生を全うした後も、空に向かって永遠に続いているのではないかしら、と想像しながら……。

執筆をするにあたり、お話を持ちかけてくださった講談社の木所隆介さん、ありがとうございました。私の文章を一冊の本へとまとめてくださった山崎理佳さん、中川明紀さん、感謝しています。いつも私と私の作る料理を、本物以上に美しく撮ってくださる大好きなカメラマンの久間昌史さん、今回もお世話になりました。

そして、この本を書くにあたってお世話になったすべての人に感謝します。

私の家族にはどんな感謝の言葉も足りません。とくに長女の真理子は、遠くに住み、小さな子どもを連れての協力、大変だったと思いますが、とても助かりました。近くに住んでいる次女も何かと励ましてくれました。長男はやはり近くにいてくれて、母の支えとなってくれています。

そして私の大事な貴方《あなた》。いつもわがまま言って申し訳ありません。そんな私を、やさしく受け入れてくれて感謝します。

みんなのあたたかい応援に心からありがとう‼

そして、これからも末永くよろしく‼

二〇一三年四月

江崎美恵子

江崎美恵子（えざき・みえこ）

料理研究家。1948年兵庫県生まれ。県立芦屋高等学校を卒業後、甲南大学在学中に江崎グリコ三代目社長・江崎勝久氏と結婚。一男二女に恵まれ、家事・育児に専念するが、37歳のときに辻学園日本調理師専門学校に入学し、調理師免許などを取得する。'91年より自宅で料理教室を主宰。'96年に芦屋市内でシュガーデコレーションケーキの店と教室「江崎サロン・プレステージ」を、2003年には同所で料理教室「プルミエ キッチン&スタジオ」を開く。著書に自身のレシピをまとめた『江崎美恵子の芦屋風味のおもてなし』（小学館スクウェア）、『ふたりでクッキング』（講談社）などがある。
フランス料理アカデミー日本支部会員
日本ソムリエ協会認定ワインアドバイザー

●江崎サロン・プレステージ　☎0797-31-6620
●プルミエ キッチン&スタジオ　☎0797-31-8760

写真協力／芦屋観光協会、ビゴの店

芦屋《あしや》スタイル

2013年５月20日　第１刷発行

著　者　江崎美恵子《えざきみえこ》

発行者　持田克己
発行所　株式会社 講談社
〒112-8001
東京都文京区音羽2-12-21
電話　編集部　03（5395）3440
販売部　03（5395）4415
業務部　03（5395）3615

印刷所　大日本印刷株式会社
製本所　大口製本印刷株式会社

ISBN978-4-06-218387-1